Ferdinand Klein

Waldorfpädagogik in Krippe und Kita

Einblick in eine ganzheitliche Praxis, die jedem Kind seinen individuellen Lebensweg ermöglicht

Gewidmet meinen beiden wunderbaren Freunden aus der
anthroposophischen Heilpädagogik und Sozialtherapie am Bodensee:
Gabi und Achim Scholz

Ferdinand Klein

Waldorfpädagogik in Krippe und Kita

Einblick in eine ganzheitliche Praxis, die jedem Kind seinen individuellen Lebensweg ermöglicht

BURCKHARDTHAUS

c/o Körner Medien UG, Freiburg

Umschlaggestaltung: Anja Lusch
Umschlagillustration: Kali9/istockphoto.com

Fotos: S. 13 Wolfgang Schmitdt, S. 15 Liderina/istockphoto.com, S. 41 Natalia Deriabina/shutterstock.com, S. 42 Eleonora_os/shutterstock.com, S. 96 James Kirkikis/shutterstock.com, S. 99 Denis Kuvaev/shutterstock.com, S. 115 Sushaaa/shutterstock.com, S. 117 photoshooter2015/shutterstock.com, S. 151 Branko Devic/shutterstock.com

Weitere Abbildungen: Abdruckgenehmigungen liegen dem Autor vor.

Layout: ism Satz- und Reprostudio, München, Satz: Anja Lusch

www.burckhardthaus-laetare.de

ISBN 978-3-96304-610-0

Inhaltsverzeichnis

Geleitwort

Was fällt mir spontan ein, wenn Rudolf Steiners ethischer Individualismus mit Janusz Korczaks Pädagogik in Beziehung gesetzt wird? Mit dieser Frage überraschte mich Prof. Dr. Ferdinand Klein, als ich noch nichts von seiner Arbeit an dem vorliegenden Buch wusste. Wir können allein in dieser Fragestellung das Forschungs- und Handlungsmotiv des Autors erkennen:

Wie komme ich der Wirklichkeit des sich entwickeln wollenden Kindes nahe?

Für die elementarpädagogische Praxis heißt dies, dass sich ErzieherInnen nicht von Förderprogrammen, sondern von Kindern im Tun leiten lassen.

Gerade für das Kindergartenalter will der international bekannte Heil- und Sonderpädagoge Ferdinand Klein diese Haltung nicht aufgeben. Er möchte kein Konzept unterstützen, das ein Kind als Objekt pädagogischen Handelns sieht. Vielmehr macht er uns darauf aufmerksam, dass jedes Kind seine Impulse bereits mit auf die Welt bringt und wir ihm als BegleiterInnen den Lebens-, Erziehungs- und Bildungsraum zur Verfügung stellen müssen, in dem diese Impulse sich verwirklichen können. Dabei interessiert es nicht, ob die Lebenssituation des kleinen Kindes eine fröhlich-lachende, eine eher melancholisch-zurückhaltende oder eine ist, die von leiblich-seelischen Problemen gekennzeichnet ist. Klein fordert unsere Offenheit für das Kindsein an sich, eine reflektierende Selbstbejahung und eine innerlich stimmige Selbstachtung.

Diese Linie beginnt schon bei dem Philanthropen Gotthilf Christian Salzmann, führt uns über Rudolf Steiner zu Maria Montessori und findet den Höhepunkt bei Janusz Korczak, der in seine pädagogische Kompetenz die Perspektive des Kindes hineingenommen hat.

Ferdinand Klein beschreibt den Zugang zum kleinen Kind, den die Waldorfpädagogik ermöglicht. 2019 feierte die Waldorfbewegung ihren 100.ten Geburtstag. Auf allen Kontinenten finden sich Waldorfkindergärten, Waldorfschulen und anthroposophisch-heilpädagogische Einrichtungen, denen der Autor sich seit mehr als 30 Jahren freundschaftlich verbunden fühlt.

Als Korczak-Pädagoge zeichnet der Autor historische Entwicklungen nach, beschreibt Besonderheiten der pädagogischen Arbeit, wie etwa die eurythmische Bewegungskunst und ganzmachende (heilende) Erziehungskunst. Er stellt beispielhaft eine Kita-Einrichtung vor, die schon inklusiv arbeitete, als es im deutschen Sprachraum den Begriff Inklusion noch nicht gab.

Es ist Ferdinand Klein zu danken, dass er auch komplexe Zusammenhänge in einer Sprache formuliert, die jede/n mitnimmt, ohne dass der Anspruch auf Wissenschaftlichkeit verloren geht. Dabei ist es besonders spannend, dass er manchen Gedanken, wie den der Selbsterziehung der erziehenden Person mehrfach wiederholt und unter neuen Gesichtspunkten mit einem anregenden Schreibstil erörtert. So kann man das Werk mit Interesse lesen, ohne immer wieder zurückblättern zu müssen.

Dieses Buch ist für Leser und Leserinnen besonders geeignet, die sich über grundlegende Aspekte der Waldorferziehung in Krippe und Kindergarten informieren möchten. Es gibt für die Praxis Handlungsimpulse und darüber hinaus gibt es Denkanstöße für Studierende. Ich wünsche dem lehrreichen und mit zahlreichen Bildern anregenden Werk eine weite Verbreitung in Praxis und Ausbildung.

Dr. paed. Götz Kaschubowski

Schulleiter einer Waldorf-Förderschule in Herdecke,

Dozent in heilpädagogischen Ausbildungs- und Studiengängen

Vorwort

„Geisteswissenschaftliche Erkenntnis ist niemals von existenziellen Entscheidungen zu trennen."

(Bollnow 1949, S. 82)

In diesem Buch bringe ich Rudolf Steiners Gedanken über die Erziehungs- und Bildungspraxis, die er vor über 100 Jahren unter den Bedingungen seiner Zeit in einer für uns ungewöhnlichen Sprache dargestellt hatte, ins Gespräch. Ich versuche sein Denken und Handeln bewusst zu machen. Diese Praxis, entwickelt im Geist seiner Zeit, unterliegt wie alle geistigen Prozesse, einem Wandel: Es geht um die Humanisierung und radikale Entschulung der Schulen und Kindergärten, um grundlegende Orientierung am sich entwickelnden Kind in der Lebenswirklichkeit hier und heute. Geboten ist das Gespräch und der Austausch zwischen anscheinend unüberwindbaren Positionen, denn alles Forschen und Lehren, Erziehen und Bilden dient einer Aufgabe: Das (auf)gegebene individuelle Kind auf seinem Entwicklungsweg mit Herz und Tatkraft zu begleiten und zu leiten.

Darum ging es mir während der Aufbauarbeit der Erlanger Lebenshilfe-Schule für Kinder mit so genannter geistiger Behinderung von 1968 bis 1980. Die Kinder galten nach dem Reichsschulpflichtgesetz von 1938 bis 1958, also noch 13 Jahre nach dem Ende der Nazi-Diktatur, als schulbildungsunfähig. Ich orientierte meine Arbeit an dem polnischen Arzt und Pädagogen Janusz Korczak und erkannte Korczaks Kernsatz der Erziehung für eine gelingende inklusive Praxis:

Alle Tränen sind salzig,
wer das begreift, kann Kinder erziehen [...]."

(Janusz Korczak 1979, S. 119)

Das Kind in Korczaks Händen geborgen

Illustration von Itzchak Belfer,
Maler des Holocaust

Von diesen Tränen spricht der im Waisenhaus im Warschauer Ghetto tätige Janusz Korczak in einem Buch, das Kinder als Vorbilder würdigt. Diesen Satz würde Rudolf Steiner dick unterstreichen. Er ruft zum Innehalten und vertieften Nachdenken auf, denn die Tränen sind tief im Leiblich-Seelischen verankert.

Beide, Korczak und Steiner, schöpfen aus den Quellen des Guten: Korczak tat Gutes, Steiner reflektierte darüber zunächst als Student und vertiefte diese Erfahrungen in seiner Lehre. Wie kann dieser Kernsatz der Erziehungskunst, den Korczak aus Mitempfinden mit dem leidenden Kind erspürt hatte, für inklusives Denken und Handeln in Krippe und Kindergarten bewusstgemacht werden? Diese nicht immer leicht nachvollziehbaren Gedanken werden an Praxisbeispielen und vor allem im Kapitel 4 dargestellt.

Auf diesen Spuren bewegt sich mein Denken und Handeln, auf das 2004 zu meinem 70. Geburtstag Dr. med. Michaela Glöckler, damals Leiterin der Medizinischen Sektion der Freien Hochschule am Goetheanum in Dornach (Schweiz) und der Leiter der Konferenz für Heilpädagogik und Sozialpädagogik der Medizinischen Sektion, Prof. Dr. phil. Rüdiger Grimm, in der Zeitschrift „Seelenpflege in Heilpädagogik und Sozialtherapie" (23. Jg., Heft 2, S. 34) mit folgenden Worten aufmerksam machten:

> *„Ferdinand Klein beging am 10. Mai seinen siebzigsten Geburtstag. Er gehörte zu den ersten Hochschullehrern und Forschern, die das Gespräch mit der anthroposophischen Heilpädagogik suchten und deren Beiträge würdigten. Ferdinand Klein gehört mit Arbeiten zur Früherziehung, zu methodologischen und biographischen Fragen und nicht zuletzt mit Beiträgen zu Janusz Korczak zu den namhaften Vertretern der Sonderpädagogik. Er gehört zu den Mitbegründern und Trägern der Tagungsreihe «Heilen und Erziehen — Anthroposophische Heilpädagogik und Sonderpädagogik im Gespräch». Seine Offenheit lässt ihn Gesprächsfäden und Beziehungen zu vielen Menschen und Einrichtungen herstellen. Er kämpft nie für sich, immer, um die Sache und andere Menschen zu fördern. Unter anthroposophischen Heilpädagogen ist er ein überaus beliebter Doktorvater und Gesprächspartner. Wir danken ihm und freuen uns auf das weitere Zusammenwirken."*

Um diese Zusammenarbeit in gegenseitiger Achtung und Wertschätzung geht es. Ich versuche die Waldorfpädagogik und anthroposophische Heilpädagogik und Sozialtherapie weiter ins Gespräch zu bringen. Bleiben Sie, liebe Leserin und lieber Leser, meinen Worten gegenüber skeptisch und finden Sie Ihren eigenen Weg.

Ich danke Herrn Gernot Körner für die Aufnahme des Werkes in das Programm des BurckhardtHaus Verlags in Freiburg im Breisgau.

Für die engagierte fachliche Begleitung des Manuskripts danke ich sehr herzlich Dr. paed. Götz Kaschubowski.

Niclas Kohl, Wolfgang Schmidt, Achim Scholz und Richard Steel danken Autor und Verlag für die Abdruckgenehmigung der aussagekräftigen Bilder.

Ferdinand Klein

im Januar 2022

Zwei Freunde

Kinder, unsere Vorbilder für Selbsterziehung und Erziehungskunst

„Jede Erziehung ist Selbsterziehung, und wir sind eigentlich als Lehrer und Erzieher nur die Umgebung des sich selbst erziehenden Kindes."

(Steiner 1999, S. 131)

„Die ganze moderne Pädagogik trachtet danach, bequeme Kinder heranzubilden, sie strebt konsequent und Schritt für Schritt danach, alles einzuschläfern, zu unterdrücken und auszumerzen, was Willen und Freiheit des Kindes ausmacht, seine Seelenstärke, die Kraft seines Verlangens und seiner Absichten. Artig, gehorsam, gut, bequem, aber ohne einen Gedanken daran, dass es innerlich unfrei und lebensuntüchtig sein wird."

(Korczak 1978, S. 12)

Kapitel 1:
Einführende Denkanstöße

Das Fundament der Waldorfpädagogik ist die Freiheit des individuellen Menschen. Die Idee des ethischen Individualismus nimmt die Waldorfpädagogin[1] in die Verantwortung, aus ihrem freiem Willen heraus nach der Idee des Guten zu handeln und ihre eigenen Erziehungsansätze aus der Perspektive des Kindes zu entwickeln.

Das Kind ist als unergründliches Geheimnis der Erziehung (auf) gegeben. Es lässt sich nicht nach unseren Vorstellungen „kneten und ummodeln" (Korczak). Wenn wir uns bemühen, den „aufwachenden Verstand und Charakter nach unseren Maßstäben zu formen, werden wir nur die Zerstörung" der Selbsterziehung des Kindes erreichen (Montessori, zit. n. Klein 2019a, S. 153) und die Entfaltung seiner Individualität verhindern. Geboten ist die Selbsterziehung der Erzieherin, die dem Kind in der Begegnung von Ich zu Ich seine individuelle Selbstentwicklung ermöglicht.

1.1 Vorbemerkungen

Ich gehe von Steiners Gedanken aus, übernehme Grundbegriffe, die mir wichtig erscheinen, und versuche sie so zu interpretieren, wie sie der heutigen Zeit weitgehend entsprechen. Dabei bilden wissenschaftstheoretische Diskurse und Wahrnehmungen in anthroposophischen Einrichtungen (Waldorfkindergarten, heilpädagogisch-therapeutische Lebensgemeinschaften für seelenpflegebedürftige Menschen) eine Erfahrungsgrundlage.

Seit 1993 bin ich mit der Waldorfpädagogik, besonders mit der anthroposophischen Heilpädagogik und Sozialtherapie im vertieften Gespräch, das sich der Frage stellt: Wie kann durch das Zusammenwirken von Allgemeiner Pädagogik und Waldorfpädagogik die Bildung und Erziehung von Kindern mit Entwicklungsbeeinträchtigungen fruchtbar gestaltet werden? Das Gespräch wurde in der Dornacher

---

1 Um den Lesefluss nicht zu beeinträchtigen, wähle ich in der Regel die weibliche Sprachform „Waldorferzieherin" oder „Erzieherin", die aus dem jeweiligen Zusammenhang geboten ist. Dies kann auch ein Gespräch zwischen der Waldorferzieherin und Erzieherin ermöglichen.
Wird auf einen Text Bezug genommen, der die männliche Sprachform wählt, dann wird dieser entsprochen. Stets dürfen sich alle Geschlechter verschiedener Professionen (Erzieher, Eltern, Heil- und Sonderpädagogen, Therapeuten, Pflege- und Betreuungskräfte, Assistenten, Studenten oder Schüler) angesprochen fühlen.

Reihe „Heilen und Erziehen der Konferenz für Heilpädagogik und Sozialtherapie“ dokumentiert. In dieser Reihe erschienen von 1998 bis 2007 insgesamt 13 Bände im Verlag der Schweizerischen Zentralstelle für Heilpädagogik (SZH/SPZ) Luzern. Band 1 der Reihe „Sonderpädagogik und anthroposophische Heilpädagogik im Gespräch“ wurde 1998 von meinen akademischen Schülern Rüdiger Grimm und Götz Kaschubowski herausgegeben, in die auch Inhalte ihrer Dissertationen (Grimm 1995, Kaschubowski 1998) eingingen. Den letzten Band in der Reihe „Macht und Möglichkeit der Bilder“ gab der international bekannte Kinderneurologe und -psychiater Gerhard Neuhäuser heraus, mit dem ich das Buch „Therapeutische Erziehung. Gesunde Erziehung in Familie, Krippe, Kita und Grundschule“ (Neuhäuser/Klein 2019) geschrieben habe.

Darüber hinaus beachte ich weitere Grundlagenwerke zur Waldorfpädagogik und Heilpädagogik (Buchka/Grimm/Klein 2002; Grimm/Kaschubowski 2008), das von meinem weiteren akademischen Schüler Thomas Maschke herausgegebene Studienbuch „Bildungsinnovation: Impulse aus Reformpädagogik und inklusiver Pädagogik“ (Maschke 2019) und meinen Beitrag zum „inklusiven Handeln nach der Waldorfpädagogik“ im Lehr- und Studienbuch „Inklusive Erziehungs- und Bildungsarbeit in der Kita (Klein 2019, S.165-182).

1.2 Wissenschaft und Praxis im Dienst für die Würde des Menschen

Steiners Denken ist ein Angebot für die früh- und elementarpädagogische Praxis. Es spricht vieles dafür, dass die Erzieherin heute sich selbst zu erziehen, bei sich selbst einzukehren und sich zu verändern (wandeln) hat, um das fruchtbar zu machen, was ihr aufgetragen ist. Es mag erschrecken, was um uns herum geschieht. Was bleibt ist der ganz persönliche Einsatz für Menschlichkeit, Vorurteilsfreiheit, Liebe, emotionale Wärme und Verständnis füreinander, ungeachtet aller Unterschiede, die jeden als unverwechselbare Individualität auszeichnet.

Für Steiner war „jede Erziehung Selbsterziehung“, die er in zahlreichen Vorträgen und Schriften mit bestimmten Begriffen erörtert hatte, dem Wandel der Zeit unterliegen und neu zu verstehen sind. Seine Theorie (Anschauung) erschließt sich im Grunde nur jenen, die sich mit seinem Denken in einem längeren praxisbezogenen Studium eingehend auseinandersetzen und aus diesen Erkenntnissen und Einsichten ihr berufliches Selbstverständnis für die inklusive Erziehung entwickeln. Für dieses selbstreflexive Studium gibt es aktuelle Fachliteratur, die sich um Anschluss an die wissenschaftliche Diskussion bemüht und den Diskurs bereichert. Darauf macht das Themenheft „Inklusive Sozialgestaltung" der Zeitschrift „MENSCHEN. Zeitschrift für gemeinsames Leben, Lernen und Arbeiten" (Heft 6/2020) facettenreich aufmerksam; siehe auch www.zeitschriftmenschen.at.

Der feinfühlende Kinderarzt, Erzieher und Schriftsteller Janusz Korczak hat sein Denken und Handeln bis zu seinem Tod und dem Tod seiner Waisenkinder im Vernichtungslager Treblinka erprobt. Er spricht ebenfalls von der „Selbsterziehung des Erziehers". Korczak fordert durch sein Beispiel die Freiheit zum Selbstdenken des Erziehers, das dem individuellen Kind sein freies Denken und Handeln ermöglicht. Gerade dieses Hinwenden zum Kind ist entscheidend, damit das Ich des Kindes am Ich des Erwachsenen sich entwickeln kann.

Dieser „Dienst am Kind" lag den Ursprüngen der Heilpädagogik am Herzen (Klein 2019, S. 88 ff.), den der Schweizer Heilpädagoge Paul Moor in seinem Werk „Selbsterziehung. Notwendigkeiten und Gefährdungen des Reifens" (Moor 1971) erörterte. Moor erkannte: „Alle Notwendigkeiten der Selbsterziehung gründen sich auf die eine Notwendigkeit, in seinem Handeln echt zu bleiben, redlich und wahr vor sich selber. […]. So geht auch das Wesentliche der Selbsterziehung nicht im Blick auf sich selbst, sondern im Einsatz für die Aufgabe vor sich" (Moor 1971, S. 303 f.).

Moors Einsichten und Erkenntnisse teile ich. Sie führten mich zu Korczaks ethischem Individualismus.

Steiners Menschenbild und Korczaks lebensbezogenes Denken versuche ich zur frühen Kindheit praxisnah darzustellen. Das ermöglicht ein bewusstes und verweilendes Nachdenken über das, was Erziehung nun wirklich ist und sein soll. Gerade in unserer Zeit, in der die Eile und das Belanglose nach Abwechslung rufen, bleibt das Wesentliche der Erziehungspraxis auf der Strecke. Und es verkümmert das eigene schöpferische (Nach)Denken aus persönlichen und beruflichen Lebens- und Lernerfahrungen heraus und damit die „Selbsterziehung des Erziehers", die jeder Erwachsene für sich entwickeln und praktizieren kann.

Auf diesen Weg kann jeder durch eigene Erfahrungen, Einsichten und Erkenntnisse gelangen.

Das steht gegen den Strom der Zeit: Das Erziehen und Bilden des Kindes zur Freiheit gründet in der bedingungslosen Achtung des (auf) gegebenen individuellen Kindes. Ihm ermöglicht die Erzieherin das Entfalten seiner Potenziale. Das steht im krassen Gegensatz zu dem, was heute „in" ist, nämlich das Kind auf bestimmte Funktionsziele hin zu fördern, mit ihm Förderprogramme (mit abfragbarem Wissen) durchzuführen, die einer ökonomischen Verwertbarkeit folgen. Damit wird das Kind zum Objekt des Erziehens. Das Erziehen in intersubjektiven pädagogischen Situationen – Erzieherin als Subjekt und Kind als Subjekt – ist nicht möglich, denn der Wille der Erzieherin beherrscht das Kind.

Die Waldorfpädagogin hingegen lenkt den Blick auf das Kind und fragt: Wo kommst du her, wo willst du hin und wie kann ich dich auf deinem Weg begleiten? In diesen Fragen drückt sich eine Haltung aus, mit der die Erzieherin das Kind auf seinem Entwicklungsweg begleitet und leitet. Dies kann nur gelingen, wenn sie sich mit ihrer Haltung auseinandersetzt und diese immer wieder reflektiert.

Gerade die Pädagogik der frühen Kindheit hat dem Kind in seiner körperlich-seelisch-geistigen Entwicklung mit geistiger Kraft zu dienen. Pädagogik ist seit eh und je Dienst für das Menschenkind. Diese Dienstpädagogik entfaltet als Kunst (Erziehungskunst) ihre Wirkung, bei der nicht der imponierende und distanzierende Begriff mit seiner substanzlosen Sprache gefragt ist, sondern eine einfach und geistvolle Beziehungssprache, die aus dem Herzen kommt und gleichwürdig zu und mit den Kindern spricht. Die Beziehungssprache von Mensch zu Mensch oder von Ich zu Ich ermöglicht das Erleben von sinnstiftenden Inhalten am Beispiel (Vorbild) und antwortet dem „Menschen als Datensätze".

Diese Sprache von Mensch zu Mensch steht auf dem Prüfstand und darf nicht den Datensätzen geopfert werden. Das „Institut Mensch, Ethik und Wissenschaft" (IMEW), eine Einrichtung zur biomedizinischen und ethischen Forschung mit besonderer Berücksichtigung der Belange behinderter und chronisch kranker Menschen, stellt in der Veranstaltung im Juni 2021 „Menschen als Datensätze?" in den Mittelpunkt der Betrachtung. Neue Visionen digitalisierter Medizin und Gesundheitsversorgung beruhen auf der breiten Erfassung verschiedener Daten: Gensequenzen, Gesundheitsdaten und Informationen über die Lebensweise von Gesunden und Kranken. Heterogene Datenpakete werden miteinander kombiniert. Es wird eine Medizin und Praxis versprochen, deren Handlungen mit Hilfe von Algorithmen auf der Grundlage von Datensätzen errechnet werden. Die aus Daten errechneten Modelle des Individuums sind „Daten-Avatare – Repräsentationen des Körpers", aus deren Beobachtung Schlüsse auf die Entwicklung des individuellen Menschen gezogen werden. Es stellen sich folgende Einzelfragen:

- Wo bleibt der Mensch hinter den Daten?
- Welche Normvorstellungen stecken in den für die Modelle verwendeten Algorithmen?
- Ändern sich dadurch Beziehungsformen im Gesundheitswesen?
- Welche neuen Zumutungen entstehen für Betroffene?
- Spielt diese „Datafizierung" eine besondere Rolle gerade für Menschen mit Behinderung?

1.3 Mein Anlass, mich mit der Waldorfpädagogik zu beschäftigen

Ich arbeitete bereits als Heil- und Sonderpädagoge, bildete mich in der Freizeit am Institut für Pädagogik der Universität Erlangen-Nürnberg weiter und fand in Rudolf Steiners Buch „Die Methodik des Lehrens und die Lebensbedingungen des Erziehens" zur Methode des pädagogischen Handelns:

„Dem Stoff sich verschreiben,
heißt Seelen zerreiben.

Im Geiste sich finden,
heißt Seelen verbinden.

Im Menschen sich schauen,
heißt Welten erbauen."

(Steiner 1926, S. 73)

Können wir den in dichterischen Worten zur Sprache gebrachten Inhalt so ohne Weiteres nachvollziehen? Oder sollten wir uns um ein

Erweitern des Erkenntnishorizonts bemühen, wie dies Teilnehmer eines waldorfpädagogischen Ausbildungskurses in Indien taten? Sie erforschten die Geheimnisse menschlichen Lebens und brachten dabei ihre eigenen Erfahrungen ein. Nach zwei Wochen sagten einige: Unser Leben hat sich verändert und wir haben in „dieser Zeit mehr gelernt als in einem Jahr Studium an der Universität" (Roberts 2007, S. 38). Sie suchten nicht, denn Suchen hat ein bestimmtes Ziel, das einengt. Die Teilnehmer fanden aus der Beziehung heraus den eigenen Weg. In ihrem geistigen Interesse ging es um Finden. Finden heißt frei sein, offen sein, kein festes Ziel haben. Im Gegensatz dazu steht das Suchen des Zieles.

Die jungen Menschen haben in wenigen Tagen an sich das erfahren, was zu einer neuen Qualität des pädagogischen Handelns führte: Sie handelten nicht nach einer vorgegebenen Theorie, sondern traten von ihrem Handeln zurück und dachten über sich, über das Leben und Zusammenleben und über ihre pädagogische Arbeit intuitiv und meditierend nach. Ihr erfahrungsbezogenes und selbstkritisches Nachdenken führte sie auf die Spur eines ganzheitlichen Erkenntnisparadigmas, bei dem jeder Fragen an sich selbst, an sein Denken, Tun und Wollen stellte, die sich auf ihr seelisch-geistiges Erkennen bezogen, nicht mit Begriffen klar definiert werden können und dem Wandel unterliegen.

Nach Steiners Erkenntnistheorie und Menschenkunde ist das Leben eines Kindes Ausdruck des Guten in der Welt. Es ging ihm um eine bewusst und menschengerecht gestaltete Erziehung von Anfang an. Hier tut sich eine ungewohnte und doch im Menschen von Anfang an veranlagte Welt des Denkens, Fühlens und Wollens auf und die Teilnehmer konnten ihre Selbstentwicklung als Wandlungsprozess erfahren.

Die Teilnehmer erlebten an sich Steiners Kernsatz, der ihnen eine neue Sicht auf die Erziehung öffnete: „Jede Erziehung ist Selbsterziehung, und wir sind eigentlich als Lehrer und Erzieher nur die Umgebung des sich selbst erziehenden Kindes. Wir müssen die günstigste Umgebung abgeben, damit an uns das Kind sich so erzieht, wie es sich durch sein inneres Schicksal erziehen muss" (Steiner 1999, S. 131, zit. n. Strehlow/Howard 2020, S. 268). Diesen Gedanken hat Steiner in zahlreichen Vorträgen und Schriften unter philosophischen und anthropologischen Aspekten und mit bestimmten Begriffen erörtert, die sich im Grunde nur jenen voll erschließen, die sich mit ihnen in einem längeren Studium ausführlich auseinandersetzen.

1.4 Rudolf Steiners Idee für die ganzheitliche Praxis in Krippe und Kindergarten

1.4.1 Zum geistigen Impuls

Einrichtungen, die im Titel „Waldorf" oder „Rudolf Steiner" tragen, gleich ob Schule, Kindergarten, heilpädagogische oder therapeutische Bildungsstätte, sind auf der ganzen Welt zu finden. Steiners Pädagogik ist zu einer weltweiten Bewegung in Kindergärten, Heimen, Schulen und Hochschulen geworden. Was sind die Gründe für ihre wachsende Popularität?

Diese Erziehungseinrichtungen bilden die Kinder vielseitig, achten gleichgewichtig die kognitiven, musisch-künstlerischen, handwerklich-praktischen Lebens- und Lernbereiche: Kopf (Nerven-Sinnes-System), Herz (Herz-Kreislauf-System) und Hand (Gliedmaßen-Stoffwechsel-System). Gerade diese lebensreformerischen Impulse Rudolf Steiners entfalten eine eindrucksvolle interkulturelle und inklusive Wirkung. Sein geistiger Impuls ist offen für alles, was in der Welt ist. Ihm geht es um ein kosmisches und systemisches (ganzheitliches) Denken.

Das Fundament der von Rudolf Steiner begründeten Waldorfpädagogik ist die Anthroposophie, wörtlich aus dem Griechischen, die „Weisheit des Menschen". Ihr geht es um einen am Menschen orientierten geistigen (spirituellen) Weg des Erkennens, aus dem keine klar definierten und allgemein gültigen Methoden für das Handeln abgeleitet werden können. Darauf weisen uns die Teilnehmer des waldorfpädagogischen Ausbildungskurses in Indien hin.

Steiner geht von einem ganzheitlichen Denken aus, das Philosophie und Pädagogik, Kunst und Religion, Theorie und Praxis als Einheit sieht. Der Zugang zu diesem integralen Denken ist schwer. Auf sprachlicher Ebene entstehen gleich mehrere Stolpersteine. Steiner hielt im Wesentlichen Vorträge und schrieb wenige Bücher. Seine

Vorträge wurden schriftlich festgehalten (stenographiert) und erst später veröffentlicht. Insofern haben die vorliegenden Schriften einen gewissen rezeptiven Charakter. Die verwendeten Begriffe und Formulierungen sind einerseits im historischen Kontext zu verstehen und andererseits sind sie mit bestimmten Sinngebungen, deren Grundlage Steiners anthroposophisches Menschenbild ist, verknüpft. Sie können daher mit dem herkömmlichen Verständnis der Pädagogik und Psychologie nicht erschöpfend erfasst werden. Die Inhalte seines Denkens erschließen sich erst im gedanklichen Zusammenhang.

Seine weltanschaulichen und erkenntnistheoretischen Einsichten gewann Steiner aus einem intensiven Studium der naturwissenschaftlichen Schriften von Johann Wolfgang von Goethe. Der Gedanke der Metamorphose, also der Verwandlung oder Umgestaltung, ist für Steiner grundlegend. Für Goethe ist die Welt nichts Festes und Gewordenes, sondern etwas, das sich in Entwicklung befindet. Für Steiner ergaben sich daraus zwei pädagogische Grundfragen:

- Was ist im einzelnen Kind veranlagt und was kann sich aus ihm entwickeln?
- Wie hat die Erzieherin zu sein und wie kann sie die Individualität des Kindes entwickeln?

Beispiele

- Die Sprache des Geistes, freie Tätigkeit und Freispiel, ermöglichen der Waldorferzieherin das Erleben kultureller Vielfalt in der Bildungseinrichtung: Das Auseinandersetzen mit der Frage an das Kind „Wer bist du und wer willst du werden?" beachtet die jeweilige Kultur, die erlebbare Mitwelt und Natur. Das verbindende Element der jeweiligen Einrichtungen ist über die Einzelsprachen, Länder, Konfessionen und Nationen hinweg, die aus der je eigenen Kultur der Erzieherpersönlichkeit heraus gestaltete Waldorfpädagogik. 2
- Besuche in waldorfpädagogischen Einrichtungen lassen aufhorchen: In diesen Gemeinschaften wird Inklusion gelebt,

2 Geboten ist der Hinweis: Seit 2016 gibt es die Kita-Fachzeitschrift „erziehungsKUNST – frühe KINDHEIT – Waldorfpädagogik heute“ (mit einer Auflage von 30.000 Exemplaren); siehe auch: www.waldorfkindergarten.de.

über die andere reden und ihre Theorien zum Beispiel über die Eigenschaften des zu inkludierenden Menschen aufbauen. Der Besucher spürt die Qualität der Beziehung, die vorbehaltlose Achtung und Anerkennung der Individualität in der Begegnung von Mensch zu Mensch, von Ich zu Ich. Er erlebt die Sprache des Geistes: „Wir finden Lebensformen, die nicht für jemanden, sondern gemeinsam geschaffen werden, eingebunden in den Rhythmus der Zeit, verwoben in sinnvoller Arbeit, künstlerischem Tun und einer hohen Ethik für das Lebendige" (Fragner 2020, S. 1). Von dieser Beziehungsqualität und Achtung des individuellen Menschen spricht Josef Fragner, Vater eines Sohnes, ein Kind mit schwerer Behinderung, ehemaliger Professor für Sonderpädagogik, Chefredakteur der Fachzeitschrift „behinderte menschen" (seit 2020: „MENSCHEN. Zeitschrift für gemeinsames Leben, Lernen und Arbeiten"). Fragner schreibt dem „guten Pädagogen" ins Stammbuch: „Für Eltern ist ihr Kind nicht ein wahrnehmungsgestörtes, verhaltensgestörtes, aggressives, sprachloses oder defizitäres Wesen. Für Eltern besteht ihr Kind nicht aus typischen Syndromen. Für uns Eltern ist ihr behindertes Kind unser Kind. Ein Kind, das uns anlächelt, ein Kind, das uns Freude bereitet, ein Kind mit leuchtenden Augen, ein Kind mit seidigen Haaren. Ein Kind, das wir versuchen, in seiner positiven Entwicklung zu sehen" (Fragner 1989, S. 232). Dieses Kind will in einem achtsam gestalteten Sozialraum seine Individualität und biografischen Impulse entfalten und weiterentwickeln, den ihm die Erzieherin einer waldorfpädagogisch und therapeutisch gestalteten Bildungseinrichtung in der Begegnung von Ich zu Ich ermöglicht. In diesem Beziehungsraum kann es sein Denken, Fühlen und Wollen als grundlegende Äußerungen seines seelisch-geistigen Leben in einem nie abschließbaren Prozess entwickeln.

1.4.2 Erziehungs- und Bildungsverständnis

Eigenaktivität des Kindes – ein biopsychosoziales Grundbedürfnis

Der Entwicklungsneurologe Hans Georg Schlack bezeichnet die Eigenaktivität, die jedem Kind eigen ist, als spontane Freude am Erkunden, Lernen und Handeln. Jedes Kind will Akteur seiner Entwicklung sein. Seinem biopsychosozialen Grundbedürfnis hat pädagogisches Handeln zu entsprechen. Befunden der frühkindlichen Deprivationsforschung zufolge „lassen sich vier psychische Grundbedürfnisse in der frühen Kindheit formulieren, von denen jeweils zwei in einer polaren (gegensätzlichen) Beziehung zueinanderstehen:

Grundbedürfnis nach

Bindung und Sicherheit ←→ Autonomie und Eigenaktivität

Berechenbarkeit und festen Regeln ←→ Abwechslung und neue Reize.

Aktives Erkundungs- und Lernverhalten setzt eine ‚sichere Basis' voraus, und umgekehrt werden diese Aktivitäten blockiert, solange die Aktivitäten und Energien des Kindes dafür in Anspruch genommen werden, sich der Bindung versichern zu müssen" (Schlack 2005, S. 42).

Auf die kindliche Eigenaktivität wirken positiv emotionales Interesse, unmittelbare und regelmäßige Rückmeldung sowie responsives Verhalten der Erzieherin. Responsivität überlässt dem Kind die Initiative zur Kontaktnahme mit Menschen und Gegenständen, reagiert bestätigend auf initiatives Verhalten, falls erforderlich auch korrigierend. Negativ wirkt auf die Entwicklung des Kindes ein Verhalten der Beziehungsperson, das ein Kind in eine passive Rolle bringt, sei es aus Mangel oder Übermaß an Anregung.

Die Befunde weisen nachdrücklich auf die fundamentale Bedeutung der Eigenaktivität bei Kindern mit biologischen Risiken (Frühgeborene), bei blinden, schwerhörigen, kognitiv beeinträchtigten oder bewegungsgestörten Kindern hin. Es handelt sich bei der Selbstentwicklung aus eigener Initiativkraft um ein Prinzip, das für alle Kinder zutrifft und dem die Erzieherin durch ihr Vorbild wie in einem Resonanzraum zu entsprechen sich bemüht (Näheres in Abschnitt 3.2.3).

Aus den entwicklungsneurologischen Erkenntnissen geht auch hervor, dass so genannte neue Krankheiten ursächlich damit zusammenhängen, dass Kinder nicht eigenmotiviert explorieren (untersuchen, forschen) konnten. Wird ihnen Lernfreude vorenthalten, dann können sie kein sicheres Selbstwertgefühl aufbauen. Schließlich verlieren sie die Lust am freien Spielgestalten und gewöhnen sich daran den passiven Konsum zu genießen. Auf diese Störung der Willenskraft (zur Selbstgestaltung) gehen zahlreiche Verhaltens-, Aufmerksamkeits- und Konzentrationsstörungen zurück.

Anerkennung des Ich als geistigen Wesenskern

Waldorfpädagogik versteht das Kind als Subjekt seines individuellen Erziehungs- und Bildungsprozesses, das auf seinem Entwicklungsweg achtsam so zu unterstützen und zu begleiten ist, dass sich seine veranlagten Potenziale in einem ausgewogenen Verhältnis frei entfalten können. Auf diesem Weg bedarf es einer Haltung und Handlung der Erzieherin, die das Kind in seiner unverfügbaren Individualität als Subjekt so wertschätzt, dass es sich mit seinen Sinnen in Freiheit entfalten kann und seine spätere Lebensgestaltungskompetenzen im Blick hat – und nicht die zu messenden Leistungen.

Am Ur-Bedürfnis des Kindes orientieren

Gegen curriculares Festschreiben verwertbarer Kompetenzen steht ein am Menschen orientiertes Verständnis, das danach fragt, was im Menschenkind veranlagt ist und sich in ihm entwickeln will, damit es seelisch gesund, sich wohl fühlt, resilient und selbstwirksam seine Ich-Stärke, Kreativität, Lebens- und Lernfreude, sein Interesse und seine Herzensbildung zusammen mit andern entwickeln kann. Bei diesem offenen und ganzheitlichen Bildungsauftrag für die frühe Kindheit fragt die Erzieherin: Wie unterstütze und begleite ich die Kinder so, dass sie sich in ihrem Körper und in der Gruppe so zu Hause fühlen und beheimaten können, dass sie ihr individuelles Entwicklungsbedürfnis und ihre Potenziale voll und ganz frei verwirklichen können?

Die Waldorferzieherin achtet darauf, dass jedes Kind mit der Geburt zwei Ur-Erfahrungen mitbringt: Beziehungswillen (Willen zur Verbundenheit und Beziehung) und Gestaltungswillen (Willen zum Gestalten und Wachsen). Sie hat einen Beziehungsraum zu schaffen, in dem sich die Potenziale entfalten können. Um dieser herausfordernden Aufgabe soweit wie möglich zu entsprechen, hat die Erzieherin auf sich selbst zu schauen und sich zu fragen: Wer bin ich und wie muss ich sein, damit sich das Kind in der von mir gestalteten Umgebung selbst erziehen kann?

Die Antwort kann durch vertiefte Selbstreflexion gefunden werden: durch das Gespräch mit sich selbst, über das unter drei weiteren Fragen nachzudenken ist:

- Bin ich offen für die geistige Heimat, aus der das Kind kommt?
- Bin ich dialogfähig und wie gestalte ich die Beziehungsangebote?
- Bin ich in meinem eigenen Leib zu Hause und kann ich dem Kind ein Vorbild sein, an dem es sich selbst erzieht? (Glöckler/Grah-Wittich 2020, S. 31)

Mit dieser Fragehaltung antwortet die Erzieherin dem Beziehungswillen des Kindes: Sie ist bemüht, seinem Grundbedürfnis zu entsprechen und schenkt ihm Geborgenheit, Wärme und Vertrauen. Damit antwortet sie dem Gestaltungswillen des Kindes und ermöglicht ihm Freiheit, Autonomie und Kreativität. Auf dieser Basis

- Willen zur Verbundenheit und Beziehung und
- Willen zum Gestalten und Wachsen

entfaltet das Kind sein Denken, Fühlen und Wollen. Ziel der Erziehungs- und Bildungsarbeit ist es also, dass Kinder einerseits zu selbstbestimmten, andererseits zu beziehungsfähigen Menschen heranreifen. Stets geht es darum, dem Kind eine sichere Bindung und freies Erkunden zu ermöglichen, bei dem die Erzieherin wie ein Reflektor (Spiegel) für das Kind ist, damit es selbstwirksam tätig sein kann, seine Potenziale selbstbestimmt, also frei, autonom und kreativ, beziehungsfähig und vertrauensvoll entfalten kann. Die Erzieherin gibt durch ihr Dasein, durch ihre authentische und wertschätzende Haltung dem Kind eine Hülle für die Entfaltung seiner Kräfte des Denkens, Fühlens und Wollens, die in einem fortwährenden lebenserfüllten Wandlungsprozess sind. Das kann die Erzieherin auf ihre ganz persönliche Art (er)spüren und das Kind auf der Basis des Vertrauens begleiten und sich fragen: Was braucht gerade in diesem Moment dieses Kind von mir?

Dieser zu gestaltende Beziehungsraum achtet Kontinuität (Ausdauer, Beharrlichkeit) und Konstanz (Beständigkeit), die das Kind als haltend und schützend wahrnimmt. Zudem ist dieser Raum zu strukturieren. So kann durch die geschaffenen äußeren Strukturen das Kind diese verinnerlichen und auf einer sicheren Beziehungsbasis seine Welt erfahren. Um diesen Prozess verstehen zu können und Beziehungen förderlich zu gestalten und Räume zu strukturieren, braucht die Erzieherin ein intersubjektives Reflektieren und Verstehen. Sie braucht ein feines Gespür dafür wie sie dem Kind im Beziehungsraum (Resonanzraum) eine Hülle für seine Selbstwirksamkeit gibt.

Das Kind will mit allen Sinnen seine Welt erkunden

Beim Spazierengehen kommt ein Kind zu einer Eiche, sieht sie im Sonnenlicht stehen und entdeckt, dass sie einen Schatten auf den Boden wirft. Es umrundet den Baum und nimmt wahr, dass hinter der Eiche alles anders ist als vor der Eiche. Es fängt an die Eicheln zu sammeln: lauter kleine Eicheln. Nach einer Weile kommt es wieder um den Baum herum und beobachtet eine der Eicheln genauer. Gleich setzt es sich auf den Boden, steht bald wieder auf und läuft nochmals um den Baum herum. Durch diese Sinnesaktivitäten formt es sein Selbstbild an der Welt. „Indem es an bestimmten Stellen gründlich in die Tiefe geht, kann es die nötigen Wahrnehmungen machen, um in der Weltbegegnung Sicherheit zu gewinnen" (Glöckler/Grah-Wittich 2020, S.123). In dieser Weltbegegnung (Anfassen der Eichel, Umrunden des Eichenbaumes, Einnehmen unterschiedlicher Standpunkte) begreift es, was eine Eichel und eine Eiche sind.

Bei dieser Begegnung mit der Natur und Kultur beobachtet das Kind seine es umgebende Welt, bildet dabei seine Denkfähigkeit weiter und gewinnt Sicherheit. Bei einem anderen bestimmten Baum, zum Beispiel bei einer Birke, macht es ähnliche Erfahrungen und erweitert dadurch seine individuelle Denkkraft. Es baut sich in der Einheit von Bewegen (Gehen), Sprechen und Begreifen seine Brücke zur Welt auf.

Diese Verbundenheit mit der Natur und Kultur hat auch Janusz Korczaks partizipative Pädagogik im Sinn. Für ihn kennt das Empfinden des Kindes keine Hierarchie: Es „leidet mit einem gequälten Pferd, mit einem geschlachteten Huhn. Der Hund und der Vogel sind ihm verwandt, Schmetterling und Blumen sind ihm ebenbürtig, im Steinchen und in der Muschel findet es seinen Bruder" (Korczak 1999, S. 389).

Die Erzieherin kann sich fragen: Bin ich fähig, dieses Bedürfnis des Kindes, das die Welt erkunden will, aufmerksam wahrzunehmen und durch meine eigenen Intentionen einen Raum für die autonomen Impulse des Kindes zu schaffen?

Mit dieser Frage beherrscht sie nicht die Situation, sondern nimmt eine Haltung ein, die es dem Kind ermöglicht sich selbst zu empfinden und zu erleben.

Geboten ist das Gestalten der Umgebung, bei der das Denken, Fühlen und Wollen der Erzieherin auf den kindlichen Organismus unmittelbar wirkt. Auf diese Umgebungsgestaltung weist uns die Hirnforschung nachdrücklich hin: Was die Erzieherin sagt, was sie tut und vor allem wie sie ist, ist wesentlich.

Gefragt ist die Biografie, das beispielhafte Vorleben, die Gestaltung der eigenen Individualität, die abhängt von der Fähigkeit sich mit dem

- eigenen Denken aus dem übergreifenden Geistigen heraus zu verständigen,
- am eigenen Tun und Wollen und
- am eigenen Fühlen zu orientieren.

„Alles, was wir in diesem frühen Alter tun oder unterlassen, legt eine Spur fest, in der das Kind gehen muss. Im späteren Leben, wenn es darauf ankommt, dass es selbstständig denken kann, wenn es den ‚Schritt aus dem Paradies', den Schritt des ersten Ungehorsams, immer wieder tun muss, kann es das umso besser, je mehr es sich mit dem identifizieren kann, was es auf dieser Erde vorhat, und wenn es ihm gelingt, sich seinen Leib gefügig zu machen, dass es dem auch standhält. Dafür braucht es eine Basis"

(Glöckler/Grah-Wittich 2020, S. 127).

1.4.3 Die gesunde Entwicklung des Kindes begleiten und stärken

Gesundheit ist individuell

Gesundheit ist nach anthroposophischem Verständnis keine Frage der naturwissenschaftlichen Definition, sondern ein Zustand des einzelnen Menschen, in dem Leib, Seele und Geist in individueller Weise selbstregulierend zusammenwirken. Diesen Zustand kann jeder in sich finden und für sich selber gewinnen. Gesundheit ist höchst individuell wie das Erleben von Zufriedenheit, von innerer Übereinstimmung mit sich selbst und mit der Welt. Ein gesundes Leben ist nicht ein Leben ohne Krankheit, sondern vielmehr ein Leben mit den „Fähigkeiten, die Hindernisse, Störungen und Gefährdungen im Leben bewältigen zu können; die eigenen Werte und Ziele zu kennen und ihnen entsprechend zu leben" (Treichler 2020, S. 44).

Zur gesunden Entwicklung in den ersten Jahren

Die waldorfpädagogische Methode betrachtet das sich entwickelnde Kind im Zusammenwirken von Körper, Seele und Geist (geistiger Individualität): das Leiblich-Physiologische und das Geistig-Seelische dürfen nicht getrennt gesehen werden, denn sie gehen ineinander über und bilden das Ganze der sich frei entwickelnden Individualität. Dies erfordert ein sensibles, ein feinfühlendes Wahrnehmen der individuell einzigartigen Entwicklung des Kindes, auf das die Waldorferzieherin situationsorientiert antwortet.

Für die ersten Lebensjahre bis zum Schuleintritt stehen ein gesundes körperliches Wachsen, also Leibbildung, im Zentrum, die grundlegend für die spätere Entwicklung der Vorstellungen und des Gedächtnisses ist. Eine Vorverlegung schulischer Lernprozesse in das Kindergartenalter würde diese ganzheitliche Entwicklung der Leibeskräfte beeinträchtigen. Der lebendige Organismus, der als Urphänomen des Lebendigen zu verstehen ist, entwickelt sich als Ganzheit, entfaltet eigenständig seine Potenziale und bringt so aus eigener Kraft seine leiblich-seelische Gestalt in rhythmisch gestalteter Selbstregulation hervor, die durch vorzeitiges Eingreifen und gezieltes einseitiges Fördern bestimmter Fähigkeiten und Fertigkeiten nicht gestört werden darf. Wird dies nicht beachtet, dann kann es zu gesundheitlichen Fehlentwicklungen bis hin zu einer Vielzahl chronischen Erkrankungen führen (Soldner 2020, S. 45 ff.).

Die Waldorferzieherin folgt dem integrierten pädagogisch-medizinischen Konzept, das im gesundheitsfördernden (salutogenetischen) Ansatz zu finden ist und für die „resiliente Erziehung in Familie, Krippe, Kita und Grundschule" näher erläutert wurde (Neuhäuser/Klein 2019, S. 111 ff.): Es geht um eine bewusste Gesundheits- und Resilienzförderung, um Entfaltungsspielräume für die Entwicklung eines gesunden Gedanken-, Gefühls- und Willenslebens, das am Beispiel des von der Waldorferzieherin Gabriele Scholz gestalteten integrativen Kindergartens in allen Einzelheiten veranschaulicht wird: Sie zeigt, wie das Wahrnehmen und Tätigsein des Kindes in überschaubare Lebenszusammenhänge einzubetten ist, damit es die Welt zunehmend als verstehbar, handhabbar und sinnhaft erlebt und sein Kohärenzgefühl stärkt (Kapitel 4).

Zur Gesundheitserziehung

Das moderne Konzept der Salutogenese (Salus, lat.: Heil, Ganz, Unversehrtheit, Glück; Genese, griech.: Entstehung, Entwicklung) geht nicht der Frage nach, warum Menschen krank werden. Es setzt positiv an, wechselt die Perspektive, fragt nach den Quellen der Gesundheit und zeigt, wie eine Stärkung der autonomen Kraft erfolgen kann. Salutogenese lässt das Krankheitsmodell, das pathogene, d. h. krankmachende Faktoren beschreibt, hinter sich und fragt nach den gesundheitserhaltenden und -fördernden Faktoren, nach den positiven personalen Ressourcen. Es versteht Gesundheit als Fähigkeit, sich mit Problemen sinnvoll auseinanderzusetzen und zur Lebenstüchtigkeit beizutragen (Glöckler 2003, S. 22).

Im salutogenetischen Verständnis ist also Gesundheit mehr als Abwesenheit von Krankheit. Gesundheit ist ein dynamisches Geschehen, das mit folgenden Merkmalen beschrieben werden kann, die eng miteinander zusammenhängen und nur theoretisch unterschieden werden:

- Körperliches Wohlbefinden,
- eine positive Grundhaltung zur Welt,

- ein hohes Selbstwertgefühl, das sich selbst akzeptiert und achtet, sich selbst als wertvoll erlebt,
- Vertrauen in die eigenen Fähigkeiten und Selbstwirksamkeit, sich zutrauen gestellte Aufgaben zu lösen, weil man sich der eigenen Kompetenz sicher ist,
- sich bewusst sein, die gegebene und aufgegebene Situation durch eigenes Handeln beeinflussen zu können und in problematischen Situationen sich selbst helfen können oder bei anderen Menschen Hilfe suchen. Vertrauen in die eigene Belastbarkeit, sich zutrauen auftretende Probleme, Schwierigkeiten oder Belastungen auszuhalten. Dieses Selbstvertrauen geht mit dem Gefühl einher, die Ereignisse selbst kontrollieren zu können und die Bedrohungen als Herausforderungen zu betrachten.

Neben diesen Merkmalen steht das Kohärenzgefühl im Zentrum des salutogenetischen Prinzips, das als innere Einstellung und Haltung gegenüber der Welt und dem eigenen Leben beschrieben werden kann. Es entwickelt sich weitgehend in der frühen Kindheit. Daher kommt dieser Zeit die entscheidende Bedeutung für die Gesundheit im späteren Leben zu. Die Ausbildung des Kohärenzgefühls hängt im hohen Maße von Faktoren der Umgebung ab. Der entscheidende Protektivfaktor für eine gesunde Entwicklung ist das Befriedigen elementarer Bedürfnisse in den sozialen Beziehungen.

Die gesundheitserzieherische Aufgabe in der frühen Kindheit besteht darin, dem Kind sein individuelles Gefühl von Verstehbarkeit, Sinnhaftigkeit/Bedeutsamkeit sowie Handhabbarkeit/Bewältigbarkeit durch sensibles Begleiten entwickeln zu helfen
(Neuhäuser/Klein 2019, S. 115).

Zu dieser Unterstützung gehören im Hinblick auf

- **Verstehbarkeit:** Ein Gefühl von Verstehbarkeit bringt zum Ausdruck, dass der Mensch fähig ist, Reize als geordnete und strukturierte Informationen verarbeiten zu können und nicht mit Reizen konfrontiert zu sein, die chaotisch, willkürlich und unerklärlich sind.
  Deshalb darf das Kind nicht mit Angeboten und Reizen überflutet und im „Reizchaos“ nicht allein gelassen werden. Vielmehr

ist es einfühlsam und behutsam zu begleiten und die neuen Lernangebote sind situationsorientiert zu strukturieren und durchschaubar zu machen.

- **Sinnhaftigkeit/Bedeutsamkeit:** Im Gefühl des Sinnhaften und Bedeutsamen drückt sich das Ausmaß aus, in dem der Mensch das Leben als emotional sinnvoll empfindet und sich den Anforderungen des Lebens als willkommenen Herausforderungen stellt. Das Kind erfahren lassen, dass eine positiv gestimmte Einstellung und Haltung zum Leben seine Kräfte und Energien zur Bewältigung der Aufgaben freisetzt. Es macht in den Übungs- und Lernfeldern die Grunderfahrung, dass sich Anstrengung lohnt und entdeckt den Sinn der anstrengenden und herausfordernden Arbeit. Hier übt und lernt das Kind gesundheitsbewusst.
- **Handhabbarkeit/Bewältigbarkeit:** Dieses Gefühl entspricht der Überzeugung des Menschen, dass Schwierigkeiten und Probleme lösbar sind. Das Kind Selbstwirksamkeit erfahren lassen, es fühlen lassen, dass sich Mühen und Anstrengungen lohnen, damit es selbst durch sein Tun zur Lösung (Ergebnis, Ziel) kommt. Hier erlebt es seine eigenen Kompetenzen und Ressourcen. Und es erkennt, wenn es an seine Grenzen stößt und nicht weiterkann, dass es vertrauensvoll die Erzieherin um Hilfe bitten kann – ganz im Sinne von Montessoris Leitsatz „Hilf mir, es selbst zu tun".

Das Kind ist als „ganzes Sinnesorgan" mit der Welt verbunden

Die Waldorferzieherin achtet das körperliche, soziale und seelische Wohlbefinden in den ersten sieben Jahren (erstes Jahrsiebt), das für die individuellen Entwicklungs- und Lernprozesse in den folgenden Jahren entscheidend ist. Sie gestaltet die Umgebung so, dass jedes Kind seine Körperkräfte durch Pflege der leiblich-sinnlichen Wahrnehmungen und schöpferische Bewegungen stabilisiert und dadurch sein Ich stärkt.

Die Pflege beachtet vier grundlegende körperbezogene Sinne (Tastsinn, Lebens- und Vitalsinn, Bewegungssinn, Gleichgewichtssinn) durch die es seine bewegungserfüllten Sinnes- und Naturerfahrungen machen kann, die zu bleibenden Verknüpfungen (Synapsen) zwischen Nervenzellen und Gehirn führen. Durch diese ganzheitlichen Welterfahrungen, mit denen sich das Kind eng verbunden fühlt, formt es sein Ich, das nicht zwischen dem Innen- und Außenraum trennt.

Das Kind ist als „ganzes Sinnesorgan" mit der Welt verbunden und befragt diese in immer wieder neuen Versuchen neugierig. Dadurch übt es auf seine ganz persönliche Art seine logische Denkweise aus und entwickelt sein Denken (kognitive Schemata) sinnbezogen weiter, was aber nichts mit dem Anstreben von Lernzielen zu tun hat. Es lebt in seinem Körper und bildet sein Selbst- und Welterleben.

Von diesen vielfältigen und phantasievollen Welt- und Selbsterfahrungen lässt sich die Waldorferzieherin inspirieren und antwortet dem Kind wie ein Spiegel auf Augenhöhe. Sie ist dem Kind nahe, lässt sich vom ihm führen, überwindet durch intuitives Mitgehen mit dem Kind das Herrschaftsverhältnis und wandelt es zu einem Dienstverhältnis. Dienst war der ursprüngliche Sinn von Erziehung: Erziehung ist dienen und nicht herrschen.

In diesem feinfühlend und vertrauensvoll gestalteten Erziehungsraum wird das Kind Subjekt seiner Bildung: Es kann das tun, was es will, und es kann auch in schier unlösbaren Situationen die Erzieherin fragen und um Hilfe bitten. Als autonom handelnde Persönlichkeit wird es „Baumeister seiner Selbst" (Montessori) und die Erzieherin kann seinen Impulsen intuitiv nachspüren: Es erlebt sich in Freiheit mit der Umgebung und gestaltet sein phantasiereiches Handeln und Spielen (Freispiel).

Der Schlüsselbegriff der gesunden Entwicklung ist die Selbsttätigkeit des Kindes, das sich durch eigenes Handeln das aneignet, was in der Welt wirkt. Seine Sinneseindrücke werden nicht passiv aufgenommen, sondern innerlich nacherlebt (nachgebildet). Beim aufmerksamen Wahrnehmen (Sehen und Hören) macht sich das Kind sein Bild von der erlebten Welt und gestaltet diese auf seine Weise nach und beim Hören von Märchen, Liedern oder Reimen übt es das Gehörte ganz individuell.

Bei diesem Selbstaneignen der Welt kommt es nicht auf bereits schöne und eindeutige vorgefertigte Gegenstände an. Eine Puppe, die in voller Pracht da ist, gibt dem Kind keinen Spielraum mehr für eigenes schöpferisches Tun und es kann mit seiner Phantasie nicht mehr das gestalten, was es will. Sie ist ja bereits fertig. Hingegen eine Puppe, die mit einfachen Mitteln gefertigt ist, regt die „Bildungstätigkeit des Gehirns lebendig an" (Steiner, zit. n. Ostkämper 2020, S. 23). Das Kind ergänzt durch „nachahmende Seelentätigkeit" das Fehlende und belebt es mit seiner Phantasie. Es hat hier viel Spielraum. Je unstrukturierter, funktionsfreier und einfacher das Spielmaterial ist, desto kreativer kann es selbstbestimmend sein freies Spiel gestalten.

Weiterführung durch den „Situationsorientierten Ansatz"

Dieser nachhaltige Bildungsauftrag des Waldorfkindergartens schließt an die Klassiker der Pädagogik (Pestalozzi, Fröbel, Montessori, Korczak) an, wird heute besonders im Situationsorientierten Ansatz von Armin Krenz vertreten und durch die neurobiologische sowie kognitionspsychologische Forschung bestätigt (Neuhäuser/Klein 2019, S. 149 ff.).

Für den Kindheitsforscher Armin Krenz entsteht die nachhaltige Bildung als Entwicklungsprozess im selbstaktiven Kind – und nicht durch programmierte Inhalte. Das Kind will selbstkonstruierend aus eigener Initiative am Werk sein. Es erwartet bei diesem Selbstbildungsprozess eine wertschätzende und Sicherheit gebende Unterstützung in einem einladenden Bildungsraum. Um diese „Kommunikationskultur und Entwicklungsatmosphäre" auch wirklich zu pflegen, hat die Erzieherin durch Reflexionsbetrachtung ihre Biografie auf eigene Verhaltensmuster „zu analysieren, um entwicklungshinderliche Ausdrucksformen in entwicklungsförderliche Verhaltensweisen zu wandeln" (Krenz 2021, S. 3).

Zur gefährdeten gesunden Entwicklung durch digitale Bildung

Doch diese Selbstwirksamkeit ist durch die so genannte „digitale Bildung" gefährdet (Klein 2018, S. 128). Zwischen Computer und Mensch entstehen vielfältige Wechselbeziehungen. Wer immer die Software programmiert, greift direkt in unser Leben ein. Und wir werden schön eingebettet, wenn uns die Algorithmen die Entscheidungen abnehmen. Dieses perfekte System arbeitet ohne Gefühle, seine Ergebnisse sind alle mathematisch abgesichert. Hier bleibt kein Raum für persönliche Begegnungen, für eigene Erfahrungen, für phantasievolles

Beschreiten neuer Wege, für das Gestalten des Lebens durch Versuch und Irrtum. Durch diese „digitale Bildung", die im Grunde Selbstentmündigung ist, geht das freie Gestalten des Lebens und Lernens, das Selbstwirksamwerden verloren. Wie auch der Neurobiologe Gerald Hüther betont, hören die Kinder auf, selbst etwas zu entdecken, „sie spielen nicht mehr frei, hängen der Mama am Rockzipfel oder heute eher dem Handy am Knopf". Ihre veranlagte Weltoffenheit, Entdeckerfreude und Gestaltungskunst schwinden und können das Unvorhersehbare ihres Lebens nicht mehr annehmen.

Die Kinder werden ängstlich und „verlieren ihren inneren Wegweiser in die Freiheit" (Hüther 2020, S. 4).

Die Beziehung zwischen Erzieherin und Kind lässt sich nicht über den Bildschirm, der Informationen präsentiert, herstellen, denn der gestaltete Beziehungsraum hat immer eine leibliche-seelische Dimension (Körperhaltung, Begegnungen, Interaktionen). Geboten ist die Selbstwirksamkeit als Moment wechselseitigen geistigen Berührens und Berührtwerdens zu erfahren, etwa dann, wenn es der Erzieherin gelingt, die Neugier der Kinder zu wecken und ihre Aufmerksamkeit zu fesseln. Geboten ist, die Kinder rechtzeitig zur Medienkompetenz zu führen, die Eltern und Erzieherinnen im offenen Dialog herausfinden (siehe http://www.medienratgeber-fuer-eltern.de).

1.4.4 Fazit

- Nach den Erkenntnissen der Neurobiologie und Psychiatrie will sich das „Beziehungsorgan Gehirn" von Beginn an in der Beziehung mit anderen Menschen und mit der Umwelt in geordneten Bahnen entwickeln und aus eigener Kraft sinnvolle Strukturen der Welt aneignen (Fuchs 2012). Notwendig ist ein Lebens- und Beziehungsraum, der von wechselseitiger Empathie geprägt ist (Klein 2018b, S. 90).
- Kinder brauchen eine von der Erzieherin feinfühlend gestaltete Spiel- und Lernumgebung, in der sie mit allen Sinnen, vor allem mit den Händen, ihre authentischen Erfahrungen machen können, die ihnen helfen, selbstständig, unabhängig und sozial beteiligt das Leben zu spüren und zu erleben. Das kann aber nur gelingen, wenn die Erwachsenen sich der Perspektive des

Kindes situationsorientiert zuwenden und damit aufhören, Kinder in die eigene Perspektive hineinzuziehen (Krenz 2014).

- Waldorfpädagogik geht vom Menschen und seinem schöpferischen Potenzial aus. Der Einzelne kann aus der Tiefe seines Bewusstseins sein Ich hier und heute wahrnehmen und als Repräsentant des Göttlichen, das in der Welt wirkt, verstehen. Hier lernt er sich wirklich zu erkennen, was auch in Krisenzeiten den öffnenden Weg findet (Maturana 1994, Fuchs 2012).
- Das grundlegende Element der waldorfpädagogischen Professionalität ist die Haltung der Erzieherin, die dem sich entwickelnden Kind die Entfaltung seiner Potenziale ermöglicht und seine geistige Individualität achtet. Gefragt ist die Qualität des Vorbildes, denn „das Kind gestaltet sein Wesen nach unserer Gesinnung, nach unserer Gedankenhaltung, Gefühlshaltung" (Steiner, zit. n. Ostkämper 2020, S. 26).
- Über diese Kernfrage hat die Erzieherin immer wieder bewusst zu reflektieren, denn im Handeln tritt ihre innere Haltung hervor, die ein Nachdenken über den Umgang mit sich selbst, mit dem Kind, mit den Mitmenschen und mit der Mitwelt vorurteilsbewusst einfordert.
- Durch diese Erziehungskunst, die Theorie und Praxis als Einheit sieht, macht sich die Erzieherin auf ihren individuellen Weg der Selbsterziehung, von der auch der Begründer des Kindergartens Friedrich Fröbel sprach. Fröbel erkannte: „Erziehung ist Beispiel und Liebe, sonst nichts" (zit. n. Klein 2017, S. 18). Und heute schreibt uns das der vielgefragte Neurobiologie Gerald Hüther ins Stammbuch „Jeder und jede kann mit dem Wandel bei sich selbst ganz einfach damit beginnen, indem er oder sie fortan etwas liebevoller mit sich umgeht" (Hüther 2020, S. 40). So wird der Mensch wieder zum Subjekt, zum freien Gestalter seines Lebens, gewinnt seine Würde zurück und macht deshalb auch andere nicht mehr zum Objekt.

1.5 Waldorfpädagogik sieht Theorie und Praxis als Einheit

Steiners Erziehungskunst „sieht Theorie und Praxis als Einheit des sich weiterentwickelnden forschenden Lernens" (Schmalenbach 2008, S. 4).

Das erkennt die Forschung:

- Der Erziehungswissenschaftler Hans Scheuerl reihte Rudolf Steiner bei den Klassikern der Pädagogik ein (Scheuerl 1979), also bei den großen Erziehern wie Comenius oder Pestalozzi, die mit ihren über die Zeit hinauswirkenden Ideen zur Klärung von Gegenwartskontroversen beitragen.
- Maximilian Buchka, Heil- und Sonderpädagoge, kommt in seiner vergleichenden Analyse der Theoriemodelle zu der Erkenntnis, dass die heilpädagogisch-therapeutische Praxislehre in der wissenschaftlichen Literatur zunehmend stärker beachtet wird und als „geisteswissenschaftliche Forschungsmethode der Hermeneutik und Phänomenologie ihren wissenschaftlichen Standort gefunden hat" (Buchka 2004, S. 40).
- Ullrich Heiner, Erziehungswissenschaftlicher und Kritiker Steiners Anthroposophie, erkennt in seiner Analyse die anthroposophische Bildungsbewegung als die erfolgreichste Reforminitiative, ja als „pädagogische Gegenwelt". Er sieht sie als „Alternative zum staatlich oder konfessionell getragenen Regelschulwesen" (Ullrich 2011, S. 243), die er im 4. abschließenden Kapitel „Der größte Erfolg: Die Waldorfpädagogik" facettenreich erörtert. Die heute kontrovers diskutierte Krise der staatlichen Bildung, die sich mit den PISA-Studien offenbarte, steigert das Interesse an der Waldorfpädagogik, die sich an einem Menschenbild orientiert (Neider 2019).
- Waldorfpädagogik ist eine erfolgreiche Praxisbewegung, die aus Sicht der Erziehungswissenschaft wenig erforscht und theoretisch verortet ist. Die praktische Waldorfpädagogik ist inzwischen Gegenstand mehrerer Forschungsvorhaben in Universitäten, ist also diskursfähig geworden. Offenbar stellt der weltanschauliche Überbau nicht das Wesentliche dar, sondern

das, wie Erziehung und Bildung in der Praxis gesehen und verstanden wird (Schieren 2019). Auf diese pädagogische Grundfrage gab ich den Impuls mit dem Begriff des „handlungsbezogenen Handelns".[3]

handllungsbezogenes Handeln
Kind und Erzieher in der Begegnung von Ich zu Ich

Es gibt freilich Wissenschaftler wie Praktiker, die den Impuls der Waldorfpädagogik ablehnen oder gar verächtlich auf alles herabschauen, was mit Anthroposophie zu tun hat. Dies mag

3 Das im historischen Kontext aus der Erziehungsidee abgeleitete Handeln der Erzieherin ist Vermittlungsarbeit. Ihr Handlungsziel ist die Aneignungsarbeit des Kindes. Durch Erziehungskunst ermöglicht die Erzieherin dem Kind das selbsttätige Aneignen der sinnstiftenden und bedeutungstragenden Inhalte (Gegenstände). Hier ist der alte Gegensatz zwischen der pädagogischen Idee der Führung und der pädagogischen Idee der Selbsttätigkeit überwunden: Das intuitive Handeln der Erzieherin achtet feinfühlig das schöpferische Handel des Kindes, von dem sie ihre Erziehungskunst leiten lässt (Klein 2019a, S. 198 ff., 2019b, 2020a, S. 77 ff.; Staatsinstitut für Frühpädagogik 2020) und im Abschnitt 4.4.2 veranschaulicht wird.

auch daran liegen, dass Steiner seinen praktischen Impuls nicht hinreichend zwischen seinem Anspruch als Philosoph (Erkenntnistheoretiker), seinem Anspruch als Geistesforscher (der seine Forschungs-Ergebnisse mitteilt) und seinem Anspruch als Wissenschaftler (Phänomenologie in der Nachfolge Goethes) differenziert hat.

- Und es gibt einige, die von einer unbeweglichen und „versteinerten Pädagogik" sprechen, weil sie den modernen Trend ablehne und sich nicht mehr wandle. Diese Polemik ist mit Steiners „Philosophie der Freiheit" (1995) nicht zu vereinen, denn „Leben in der Liebe zum Handeln und das Lebenlassen im Verständnis des freien Wollens ist die Grundmaxime der freien Menschen".[4] Sie gründet auf dem Prinzip der Freiheit des Menschen, das Antworten auf die sich wandelnden Lebensbedingungen in einem nie endenden Prozess findet und sich dabei des gesunden Menschenverstandes bedient.
- Freiheit in Wissenschaft und Praxis ermöglicht das Wahrnehmen einer unabschließbaren ethischen Erkenntnisaufgabe. Hier ist die Rückbindung des Geistes in seine ursprüngliche philosophisch-religiöse Denkungsart und die (Wieder)Gewinnung der geistes- und ideengeschichtlichen Bestimmung des Menschen gefragt. Gefragt ist also die Geistigkeit des Menschen, sein Schöpfungsgeist. Diesen Geist pflegt die Erziehungskunst in den waldorfpädagogischen Einrichtungen, die eine zunehmend höhere Anerkennung innerhalb der weltweit bestehenden Erziehungs- und Bildungssysteme erfahren.
- Die Weiterentwicklung der waldorfpädagogischen Handlungsfelder in den Einrichtungen der anthroposophischen Heilpädagogik und Sozialtherapie hat eine lebenspraktische und künstlerische Ausweitung erfahren. Ihre anthropologische Grundlage enthält eine Ethik insofern, als ihr ein Menschenbild zugrunde liegt, das sich dem Dienst für den anderen gerade in Zeiten des Zusammenbruchs ethischer Wertmaßstäbe verpflichtet weiß. Wer diesen Dienst ernst nimmt, dem kommt der sich wandelnde Sinn von selbst.

4 Götz Kaschubowksi vielen Dank für das Zitat.

1.6 Zur weiteren Darstellung

Das organische Ganze der von Rudolf Steiner vor über hundert Jahren begründeten Waldorfpädagogik kann nur in einem verzweigten Nacheinander in immer wieder neuen Anläufen dargestellt werden. Das macht es nötig, bisweilen eine Stelle mehrmals zu berühren. Insofern folgt die Darstellung keiner formal ableitenden Logik.

Die Inhalte werden vielmehr unter bestimmten Fragestellungen aus unterschiedlichen Perspektiven betrachtet. Durch das ganzheitliche Erfahren der Lebens- und Beziehungszusammenhänge erschließt sich nach und nach das Ganze der Waldorfpädagogik in Krippe und Kita.

Dieses Hinwenden zur Erfahrung wird oft als unwissenschaftlich verstanden. Dabei wird übersehen, dass erst das, was in der pädagogischen Arbeit erfahren, reflektiert und bewusstgemacht wird, für die konkrete Praxis bedeutsam ist. Man könnte einwenden, dass der erfahrungsbezogenen Darstellung der Geruch des Narzissmus anhafte. Doch in neueren Beiträgen zur Forschung, Lehre und Praxis wird das auf persönliche Erfahrungen zurückgehende Darstellen beachtet, da es zu einem nicht unerheblichen Erkenntnisgewinn für die Praxis beitragen kann (Klein 2017, S. 19).

Gefragt ist also kein Denken in formallogischen Kategorien, das gemessene Fakten bestätigt oder verwirft. Vielmehr geht es um ein sinnbezogenes Denken, das Rudolf Steiner in seiner Menschenkunde und Erziehungskunst differenziert begründet hat (Kapitel 2). Sein Impuls wird für die zu gestaltete Praxis vertieft und an Beispielen weiter erläutert (Kapitel 3).

Abschließend wird mit authentischen Worten der Waldorferzieherin und Heilpädagogin Gabriele Scholz die Waldorfpädagogik in Krippe und Kindergarten praxisnah veranschaulicht (Kapitel 4).

> *Die Waldorfeinrichtungen betrachten „alle Menschen als frei und gleich an Würde und Rechten, unabhängig von ethnischer Zugehörigkeit, nationaler oder sozialer Herkunft, Geschlecht, Sprache oder Religion."*
>
> *(info3, Januar 2021, S. 3)*
>
> *„Das Herz gilt über alle Zeiten, Kulturen und Religionen hinweg als der spirituelle Wesenskern des Menschen. Es spiegelt und formt das spirituelle Erleben, wenn auch auf eine übersinnliche und unerklärliche Weise."*
>
> *(Speck 2015)* [5]

5 Schreiben von Prof. Dr. Otto Speck an den Autor am 28.5.2015; Näheres in Klein 2018a, S. 176.

Kapitel 2: Zur Menschenkunde und Erziehungskunst

Grundlage der waldorfpädagogischen Erziehungskunst ist Rudolf Steiners Menschenverständnis, das in Goethes naturwissenschaftlichen Schriften ihren geistigen Hintergrund hat. Diese Kunst des Erziehens lässt sich nicht auf eindeutige Begriffe reduzieren, denn das Erziehen ist wie jede Kunst offen und schöpferisch, regt zur eigenen geistigen Tätigkeit an. Erziehen ereignet sich in der Begegnung von Ich zu Ich und antwortet durch freies (Spiel)Gestalten auf definierte Lernprogramme und zergliedertes Lernen.

Waldorfpädagogik ist nicht in einer Art Parallelwelt mit einem eigenen Sprachcode zu finden. Vielmehr ist sie mit ihrem Wissen und Können im Werden und Wandel, das nicht aus vorgegebenen Denkschienen bestätigt oder widerlegt werden kann, sondern sich in der freien Begegnung von Mensch zu Mensch im Hinblick auf Sinn und Menschenwürde erschließt. Sie achtet mit ihrem Herz-Denken das Gute im Kind.

2.1 Steiners sozialer Impuls mit offenen und einladenden Begriffen

Begriffe und sprachliche Formulierungen, die Rudolf Steiner vor hundert Jahren in das wissenschaftliche und praktische Gespräch gebracht hatte, bedeuten für die Waldorferzieherin etwas ganz Spezifisches. Es handelt sich nicht um klar umrissene oder gar definierte Begriffe, die zu definierten Verhältnissen führen würden. Gerade das war Steiners Absicht. Er hatte mit offenen und einladenden Begriffen einen sozialen Impuls in schwierigen Zeiten geben wollen. Seine Begriffe erschließen sich erst aus dem in Sprache gefassten gedanklichen Zusammenhang, was ein unabschließbares Fragen ermöglicht. Das ist für Menschen, die gewohnt sind, sich an engen Begriffen zu orientieren, unbequem.

Steiners Begriffe wie „Ich“ oder „Selbst“ haben ihre ganz spezifische Bedeutung und können nicht von vornherein mit psychologischen, phänomenologisch-pädagogischen oder neurobiologischen Denkrichtungen, die von „Ich“ oder „Leib“ sprechen, in Verbindung gebracht werden. Steiner versteht das Ich nicht als etwas, das um Selbstverliebtheit und -bewunderung buhlt, wie dies der römische Dichter Ovid vor über 2000 Jahren vom Jüngling Narziss erzählte. Narziss war durch Selbstbespiegelung so verliebt in sich selbst, dass er am Ende durch diese Ich- und Selbstsucht unter Tränen starb, obwohl er sich gewünscht hatte von allen geliebt und bewundert zu werden.

Steiners Denken ist vielmehr ein Suchen nach dem Sinn, den der Mensch in der Begegnung mit dem Anderen schafft und sich von Augenblick zu Augenblick wie ein Kunstwerk selbst gestaltet. Dieses Denken gibt der Wissenschaft und Praxis fruchtbare Impulse.

Der wissenschaftliche Impuls

In seiner bildungsphilosophischen und spirituellen Grundlegung der Heilpädagogik thematisiert Emil E. Kobi die Grundgestalt „Was uns auch immer als absonderlich erscheinen mag, hat in einer transzendenten Perspektive doch seinen Sinn und seine Richtigkeit" (Kobi 2004, S. 260). Diese Grundgestalt wiederhole sich von Epoche zu Epoche. In ihr zeige sich das Ewige im Gegenwärtigen. Kobi führt zusammenfassend aus: „In der säkularen[6] Philosophie und Anthropologie enthält meiner Einschätzung nach einzig die Anthroposophie von RUDOLF STEINER und seiner Nachfolger/innen eine nicht nur abgeleitet-komplementäre, sozialmoralische, sondern eine existenzielle, prinzipielle und integrale pädagogische Thematisierung und Sinnperspektive des behinderten („Seelenpflegebedürftigen") Kindes, die konsequent auch in die Tat und nicht nur in Phraseologie umgesetzt wurde" (Kobi 2004, S. 264; Hervorhebungen im Zitat).

Das Leben eines Seelenpflegebedürftigen Menschen ist „ganzheitlicher Ausdruck des Seinsguten. Jedes Leben ist als Schicksal und Auftrag sinnvoll. Der für ein Erdenleben inkarnierte, Person gewordene Geist setzt das Individuum in einen übergeordneten Schicksals- und Sinnzusammenhang. Der Geist kann nach anthroposophischer Vorstellung nicht behindert, krank oder geschädigt sein" (Kobi 2004, S. 264). Steiner hat auf Fragen, die ihm Erzieher und Kinder stellten so geantwortet, dass er sie ganz unmittelbar in das menschliche Mit- und Füreinander aufgenommen hat.

---

6 Abgeleitet vom lateinischen Wort saeculum („Geschlecht, Zeitalter, Jahrhundert") wird sekulär mit „alle hundert Jahre" oder „hundert Jahre dauernd" übersetzt, heißt jedoch ebenso „ein Jahrhundert betreffend".

Der praktische Impuls

Dieses Verständnis des Menschen ermöglicht das Wahrnehmen und Schaffen von Gestalten, wie es Dorothea Schmidt-Thimme, Mutter von Ingrid, einem Menschen mit dem Williams-Beuren-Syndrom, und Mitbegründerin der Lebenshilfe in Marburg im November 1958, zeigt (Klein/Neuhäuser 2006, S.160): „Angelchen ist ein zierliches, blondlockiges Kind mit ernstem Gesicht und Augen, die sehen, aber nicht wahrzunehmen scheinen. ‚Frühkindlicher Autismus' lautet die Diagnose. An der Hand der Großmutter nimmt sie bei Aktivitäten unseres Spielkreises teil. Beim Kreisspiel fasse ich sie an der Hand, sie lässt es willenlos geschehen, als ob sie es gar nicht bemerkt. Dann sitzen wir für ein Weilchen auf der niedrigen Bank zusammen. Angelchen brummt vor sich hin, wie wir es von ihr gewohnt sind. ‚MMM - MMM – MMM' ist zu hören. Ich meine, sie will mir etwas sagen - warum antworte ich eigentlich nicht in ihrer Sprache? Jetzt weiß ich plötzlich, worauf sie vielleicht wartet: Ich antworte ihr im gleichen Rhythmus ‚MMM - MMM - MMM'. Angelchen dreht den Kopf zu mir und wiederholt erstaunt fragend ‚MMM - MMM – MMM'. Kurze Pause, ich antworte wieder in unserer nun gemeinsamen Sprache. Angelchen ist hellwach, ihre Augen blicken nicht mehr ins Leere, sie schaut mich direkt an, wir begegnen uns. Dieses Gespräch geht zwischen uns hin und her, bis mich ein anderes Kind ablenkt - die Sternstunde ist vorbei".

In dieser Begegnung ist die geistige Dimension gegenwärtig. Ich und Du nehmen einander an. Empathie und Sympathie als Kraft fundamentaler Verbundenheit zwischen Menschen entfaltet sich. Gelingt es, den Anderen im Seins-Dialog zu erreichen und ihm die im Leiblichen und in den Sinnen verankerte Eigenaktivität anzuregen, dann wandelt sich der oft unpersönliche Blick in ein Antlitz. Das bejahende Lächeln scheint auf und wir werden in der kindlichen Selbstgestaltungskraft der Urkategorie menschlicher Wirklichkeit inne.

Den sozialen Impuls verstehen

Dorothea Schmidt-Thimme hat durch feinfühlende Haltung und Begegnung von Ich zu Ich, durch leibbezogene Sinnespflege ein Miteinander gelebt. Angelchen, das ganz Sinnesorgan ist, entwickelt durch Haltung und Handlung der Erzieherin seine Individuellen Vorstellungs-, Gefühls- und Willenskräfte. Seine Selbstwirksamkeit und sein autonomes Handeln werden im rhythmisch gestalteten Beziehungs- und Begegnungsraum angebahnt. Hier wird im sozialen Miteinander durch die Sinne, die als Beziehungsorgan zu verstehen sind, Sinn gestiftet (Eichenberg 2020, S. 3).

2.2 Zum ethischen Fundament der Waldorfpädagogik

Steiner begründete die Waldorfpädagogik auf dem Fundament der Freiheit des einzelnen Menschen. Das ist ethisch bedeutsam. Nach seiner Überzeugung fühlt sich der einzelne Mensch aus seinem ursprünglichen Wesen heraus aufgerufen, das Gute (Göttliche) zu tun. Dadurch können Mensch und Welt „durchchristet" werden. Die Idee des ethischen Individualismus nimmt die Waldorfpädagogin in die Verantwortung, aus ihrem freien Willen heraus nach der Idee des Guten zu handeln und ihre Erziehung aus der Perspektive des Kindes zu entwickeln. Diese Erziehung muss dort ansetzen, wo der Kampf um Menschlichkeit und Menschsein stattfindet: im selbstverantworteten und schöpferischen Handeln des Menschen für den Nächsten. Diese Handlungs- und Verantwortungsethik möchte mit Bewusstsein, Vernunft und Einsicht im menschlichen Miteinander Werte und Sinnbezug schaffen (Kaschubowski 1998, S. 55 ff.).

Steiners Ethik an Beispielen

An Steiners Ethik erinnert der russische Dichter Lew Kopelew in seinem Werk „Der heilige Doktor Fjodor Petrowitsch": „Gutes gebiert Gutes. Auch das Andenken an den, der Gutes getan hat" (Kopelew 1984, S. 211). An dieser Ethik lässt uns Janusz Korczaks Handeln teilnehmen:

Korczak war bereits nach seinem Medizinstudium in der Aus- und Weiterbildung von Erzieherinnen aktiv. In seinen pädiatrischen Schriften zum Säuglings- und Kleinkindalter verfasste er „gesundheitspolitische Artikel" (Wyrobnik 2021, S. 45). Stets sah er das Kind als Subjekt seiner Entwicklung, das in dem Buch „Heilpädagogische Grundlagen und praktische Tipps im Geiste Janusz Korczaks" für die „Inklusive Erziehung in Krippe, Kita und Grundschule" näher beschrieben wurde (Klein 2018b, S. 53 ff.). Wenn Korczak davon spricht, dass das Kind ein Geheimnis ist und wir das wirkliche Kind nicht kennen, sondern nur aus Vorurteilen, dann ist er der Waldorfpädagogik und anthroposophischen Heilpädagogik und Sozialtherapie nahe. Seine plastische Metapher lautet: „Die Birke bleibt eine Birke, die Eiche eine Eiche – und die Klette eine Klette. Ich kann das, was in der Seele schlummert, erwecken, aber ich kann nichts neu schaffen" (Korczak 1999, S. 194).

Inmitten des Terrors gestalteten Korczak und seine Mitarbeiterinnen einen einladenden Lebens- und Erziehungsraum. Er inszenierte mit der Erzieherin Esther Winogron ein Theaterstück. Am 17. Juli 1942 führten die Kinder das von der NS-Zensur verbotene Theaterstück „Das Postamt" des indischen Schriftstellers, Philosophen und Nobelpreisträgers Rabindranath Tagore auf. Es handelt von Amal, einem todkranken Waisenjungen, der sein Bett nicht verlassen darf und nur durch ein Fenster das Leben draußen wahrnehmen kann. Er hat aber ein so reines und fröhliches Herz, dass er das Leben der Menschen, die ihm begegnen, bereichern kann.

Er sehnt sich nach Freiheit, Leben, Licht, Sonne und Natur, möchte wie ein Eichhörnchen Bäume erklettern und Nüsse knacken. In Erwartung eines Briefes des Königs, der ihm Befreiung bringen sollte, schlummert er still ein und stirbt. Diese letzte Aufführung im „Haus der Waisen" war – wie Korczak in seinem Ghetto-Tagebuch schreibt –, ein „Publikumserfolg. Hände drücken, Lächeln, Versuche, ein herzliches Gespräch anzuknüpfen" (Korczak 1992, S. 100).

Korczak war inmitten der Leiden und unerfüllten Sehnsüchte seiner Heimkinder bemüht, Leiden in schöpferische Leistung zu wandeln. So ging er am Heiligen Abend als Nikolaus verkleidet zu den Kindern: „mit Tränen im Herzen und mit Gott im Munde war ich über eine Stunde heilig" (zit. n. Klein 2018a, S. 76).

Hier ist Verzweiflung an der Welt überwunden und das Tätigsein bewegt sich auf eine „alles umfassende Einheit hin" (Glöckler 2002). Davon spricht Michaela Glöckler, langjährige Leiterin der Medizinischen Sektion der Freien Hochschule am Goetheanum in Dornach. Korczak antwortet auf den um sich greifenden Terror und die Krise der Zeit, die in den verschiedenen offenen und versteckten Formen wahrgenommen werden können. Die neu zu erringende Ethik muss dort ansetzen, wo der Kampf um Menschlichkeit und Menschsein stattfindet: im situationsgerechten und selbstverantworteten Handeln des einzelnen Menschen. Darum ging es Rudolf Steiner (Glöckler/Neider/Ramm 2020). Es erfüllt ein menschliches Sinnbedürfnis, das dem heute verunsicherten und desorientierten Menschen angeboten wird.

In diesem Handeln spiegelt sich Steiners Menschenbild. In 15-jährigen Studien erforschte er Goethes Schriften. Steiner erkannte: „Nun aber wurde mir an meinen Goethe-Studien klar, wie meine Gedanken zu einem Anschauen vom Wesen der Erkenntnis führen, das in Goethes Schaffen und seiner Stellung zur Welt überall hervortritt" (Steiner 1961, S. 9). Für Steiner ist bedeutsam, wie Goethe die Welt anschaut (theoretisch versteht): Sie ist nicht etwas Festes und Gewordenes. Sie entwickelt sich. An Goethes Idee der Metamorphose (Verwandlung, Umgestaltung) orientierten sich Steiners Entwicklungsgedanken.

Im Gegensatz zur verhaltenspsychologischen Betrachtung, nach der das Gelernte sich weitgehend auf der kognitiven Ebene assoziativ verbindet, geht die an Goethes Denken orientierte Waldorfpädagogik davon aus, dass sich beim Lernen tiefgreifende Wandlungen im Kind vollziehen. Gerade durch das Spiel, bei dem das Kind die Erwachsenen nachahmt, macht es Bindungs- und Bildungserfahrungen, die die Wandlungsprozesse im späteren Leben bestimmen.

Selbstentwicklung und Selbstbildung

Die Waldorferzieherin konzentriert sich bei der eigenen Erziehung auf das Üben der Erkenntnisfähigkeit. Diese Kompetenz kann angestrebt werden durch

- Intensivierung des Denkens, was zur Entwicklung der Fähigkeit der Imagination (Vergegenwärtigung) der Phänomene führt.
- Intensivierung des Fühlens, was zur Entwicklung der Fähigkeit der Inspiration (schöpferischer Einfall) führt.
- Intensivierung des Wollens, was zur Entwicklung der Fähigkeit der Intuition (unmittelbares Erfassen von Zusammenhängen) führt.

- Durch diese Arbeit an sich selbst entwickelt die Erzieherin ein Erkenntnisorgan, das ihr das Erleben des Geistigen ermöglicht. Die Arbeit an der eigenen Entwicklung umfasst nach Michaela Glöckler folgende vier Grundqualitäten:

Grundqualitäten der Selbstbildung

1. Sich mit dem Gegenstand identifizieren: Erst wenn die Erzieherin sich mit dem Gegenstand intensiv auseinandergesetzt und mit ihm identifiziert hat, wird er zum Bildungsgegenstand: Der Gegenstand wandelt die Erzieherin. Hier sind besonders auch die Gegenstände Märchen, Fabeln und Legenden zu erwähnen, die als Urbilder des Menschen gesehen werden. Mit der gewandelten Beziehung zum Gegenstand begegnet die Erzieherin nun dem Kind, das mit dem Gegenstand seine Erfahrungen machen will.

2. Mit dem Kind in Beziehung treten: Die Erzieherin ist nun nicht mehr in der Rolle des Lehrenden, sondern in der auf den Gegenstand bezogenen Beziehung mit dem Kind. Beide gestalten nun gemeinsam die persönliche und gegenständliche Beziehung. Bei dieser Bildungsarbeit entwickelt sich die Erzieherin weiter im Hinblick auf Wahrheit, Liebe und Freiheit: Sie orientiert ihr Denken in Richtung Wahrheit, ihr Fühlen in Richtung Liebe und ihr Wollen in Richtung Freiheit. Ihr Selbst-Bildungsbemühen spürt das Kind. Es fühlt sich zum Mit-Denken, Mit-Fühlen und Mit-Wollen eingeladen. Es spürt den von der Erzieherin erlebten Gegenstand und wandelt ihn nach seinen individuellen Möglichkeiten. Besonders intensiv erlebt das Kind die Märchen, Fabeln und Legenden, die als innere Bilder der geistigen Welt wirken, aus der es kommt. Sie prägen seine seelisch-geistige Entwicklung.

Feste Gewohnheiten geben Sicherheit

3. Dem Kind stabile Gewohnheiten im Medium des Rhythmus anbieten: Wenn ein Kind weiß, was als nächstes folgt, dann fühlt

es sich intrinsisch (von innen her, aus eigenem Antrieb) motiviert. Feste Gewohnheiten geben ihm Sicherheit, Zuversicht und Vertrauen in die eigenen Fähigkeiten. Es kann sich in rhythmischen Strukturen durch den Tag bewegen und weiterentwickeln. Stabile Gewohnheiten wirken auf die körperlichen Rhythmen, stärken die Lebenskraft und ermöglichen Selbstheilung des Organismus. Besonders ist auf die regelmäßige Gestaltung des Morgenkreises, der Feste und Feiern im Tages-, Wochen und Jahresrhythmus zu achten.

Dankbarkeit ist die Voraussetzung für Lebensfreude

4. Dem Kind Dankbarkeit und Daseinsfreude zeigen: Ein Gefühl der Dankbarkeit ist Voraussetzung für Lebensfreude. Ein dankbarer Mensch ist in der Lage auch kleine Dinge zu würdigen und sich darüber zu freuen. „Dankbarkeit zu üben bedeutet auch, sich nicht über die Unzulänglichkeiten zu erregen, sondern darüber zu staunen, was alles vorhanden ist. Eine solche Lebenseinstellung ist genau das Gegenteil des heute herrschenden Perfektionismus und des Anspruchsdenkens, durch die das Physische zermürbt wird. Diese Dankbarkeit strahlt auf die Kinder aus, ohne dass man darüber reden muss (vgl. Glöckler 1998, S. 62 f.).

Diese Grundqualitäten erlebt der Besucher in Waldorfeinrichtungen. Er nimmt eine fröhliche, ja feierliche Atmosphäre in den farblich und architektonisch harmonisch gestalteten Räumen für das rhythmisierte Lernen und Arbeiten, Spielen und Bewegen (Eurythmie) wahr. Diese Arbeit ist von einem ur-christlichen Impuls getragen. Die Grundstimmung ist von einer allgemeinen Positivität geprägt, in der Resignation keinen Platz hat. Vielmehr wird das Kind mit einer „positiven Seelenhaltung" in seinen positiven Möglichkeiten wahrgenommen (Freilingsdorf/Grimm/Kaldenberg 2013, S. 188), an denen sich die erzieherische und therapeutische Arbeit orientiert. Mit dieser Grundstimmung aus dem Geist der Nächstenliebe wird für das individuelle Kind jene Umgebung geschaffen, die es ihm ermöglicht, sich selbst zu entwickeln und zu erziehen.

Die religiöse Grundstimmung erleben die Kinder beim Jahreskreislauf der Feste und Feiern oder beim Morgenkreis. Besonders beim Darbieten und Gestalten von Märchen, Fabeln und Legenden spüren die Kinder diese Stimmung, die als Urbilder für ihre seelisch-geistige Entwicklung gesehen werden. Sie ahnen und empfinden innere Bilder der geistigen Welt, aus der sie kommen.

Die um Selbstentwicklung bemühte Erzieherin wird sich fragen:

- Welches Bild habe ich vom Kind?
- Welche Fragen bewegen mich?

Bei dieser Arbeit an sich selbst steht im Zentrum,

- wie sie mit dem Kind umgeht,
- wie sie das Kind anregt und
- wie sie das Kind unterstützt (leitet, begleitet).

2.3 Die Kunst des Erziehens achtet das rhythmische Prinzip

Das Fundament der von Rudolf Steiner entwickelten Geisteswissenschaft ist die selbst zu verantwortende „Freiheit des Menschen". Seiner Menschenkunde zufolge fühlt sich der freie Mensch aus seinem ursprünglichen Wesen heraus aufgerufen, das Gute zu suchen und für den anderen Menschen zu tun. Woher kommt aber das Gute? Entspringt es aus der Bindungs- und Beziehungsfähigkeit der Menschen untereinander? Oder findet der Mensch das Gute, indem er sich entschließt, es zu tun – soweit seine Fähigkeit reicht und seine Bereitschaft wächst, aus eigenen Fehlern zu lernen? In diesen selbstkritischen Fragen gründet die Kunst der Erzieherin (Glöckler 2002). Das hatte Steiner beim Hausunterricht erfahren (siehe Abschnitt 2.4).

Rhythmus in Geschichte und Gegenwart

Dem griechischen Philosophen Heraklit (um 500 v. Chr.) zufolge existiert in der Natur ein Grundprinzip des Lebens und der Welt: Alles fließt! (griechisch: panta rhei). Aus dem Fließen oder dem Rhythmischen entsteht die Urkraft des Lebendigen, die „Energie an sich" (Heraklit). Auf dieser rhythmischen Urkraft beruhe die Existenz des Kosmos.

Das rhythmische Phänomen begegnet uns überall in der Natur und im Leben. Für den Menschen ist der Rhythmus lebensbedeutsam. Ohne Rhythmus ist das Leben nicht denkbar. Zwischen Rhythmen und Gewohnheiten besteht ein enger Wechselbezug: Rhythmen tragen Gewohnheiten und Gewohnheiten stabilisieren Rhythmen. Die Psychologie der frühen Kindheit weist eindringlich darauf hin, dass jedes Kind von Beginn an einen rhythmisch strukturierten Tagesablauf und damit stabile Gewohnheiten für seine Entwicklung benötigt. Und ein Kind, das von einer Entwicklungsauffälligkeit bedroht ist, verlangt besondere Aufmerksamkeit, denn es braucht ganz besonders stabile Gewohnheiten, die ihm Lebenssicherheit, Zuversicht und Vertrauen geben. Wenn ein Kind im Vorhinein weiß oder auch nur ahnt, was bald folgen wird, fühlt es sich sicher und kann sich in zeitlichen Strukturen frei bewegen (Neuhäuser/Klein 2019, S. 126 ff.).

Die Rhythmusforschung hat u.a. die physiologische Bedeutung des Tagesrhythmus, des Wochenrhythmus und des Jahresrhythmus für Kinder und Erwachsene herausgearbeitet: Alle Gewohnheiten, die sich bei einem Kind gebildet haben, stärken oder schwächen seine Lebenskraft. Wenn heute Kinder und Erzieherinnen über Kraftlosigkeit und Müdigkeit klagen, so ist eine Ursache dafür in den fehlenden Lebensgewohnheiten zu suchen. Gerade für kleine Kinder verlangt das Leben Rhythmus und Gewohnheit, Kontinuität und wiederholendes Üben.

Rhythmus als Antwort auf Intellektualisierung und zergliedertes Lernen

Rhythmische Erziehung ist als Antwort auf das einseitig intellektuelle und in Fächer zergliederte Lernen zu verstehen. Damit verbunden sind chronischer Bewegungsmangel und die zu beobachtende instabile Gesundheit bei vielen Kindern. So wird es auch verständlich, dass verschiedene Bewegungssysteme und Körpertherapien wie Pilze aus dem Boden schießen und bei Kindern mit Lern- und Entwicklungsdefiziten Hilfe durch ein bewegungserfülltes Lernen versprechen. Gerade dieses therapeutische Bemühen weist darauf hin, dass eine (Rück) Besinnung auf ein ganzheitliches Lernen geboten ist, das die Beziehungen von

- Körper (Körperbewegungen),
- Geist (geistige Strukturen) und
- Seele (künstlerische und bildnerische Bildungsinhalte) beachtet (Klein 2012, S. 106 ff.).

Rhythmus als Schicksals- und Lebensrhythmus

Allgemeine Gesichtspunkte

Nach Rudolf Steiners Menschenkunde ist jeder Mensch in einen Schicksals- und Lebensrhythmus eingebunden. Er lebt im Rhythmus des Wachens und Schlafens, des Einatmens und Ausatmens, des Erlebens und Gestaltens, des Aufnehmens und Ausführens. Gerade beim Kind hat der klangvolle musikalische Rhythmus, den wir in Liedern und Bewegungen wahrnehmen, eine organbildende Kraft. Rhythmus und Bewegung sensibilisieren und aktivieren die Sinne, insbesondere den Bewegungs- und Gleichgewichtssinn und damit das Denken in seinem schöpferischen und ordnenden Anspruch.

Das Kind ahmt hier die Bewegungen auf seine ganz individuelle Art und Weise nach. Es strebt danach, in diesen Bewegungen die Welt zu verinnerlichen und bringt dadurch seine Welt in die gemeinsame Welt, in die „gemeinsame Daseinsgestaltung" (Kobi 2004; Klein 2019, S. 18) ein. Offenbar erlebt sich das Kind ganz unmittelbar im Rhythmus und in den Bewegungen. Rhythmus und Bewegungen ermöglichen es ihm, sein Denken, Fühlen und Wollen und damit sein bewusstes Ich zu entwickeln. In diesem Prozess der Selbstausformung entfaltet und gestaltet es in Freiheit und Gebundenheit seinen inneren Halt, der in den übergreifenden Schicksals- und Lebensrhythmus eingebunden ist.

Zur heilenden Bewegungskunst (Eurythmie)

Rudolf Steiner hat die Eurythmie eingeführt. Im Bild der Waage zeigt sich das Wesen des Rhythmischen, wie es uns im Leben begegnet. Im Hin- und Herbewegen zwischen den Polen wird das Gleichgewicht gesucht. Im Rhythmischen trägt sich das Leben. Im Wesen des Rhythmischen begegnet uns das Wesen des Menschen. Das Sein im Rhythmischen ist ein Leben in Gesundheit. Im Rhythmischen, in dem sich das Gegensätzliche vereinigt, kommt das Ungleichgewicht ins Gleichgewicht. Ist der Mensch nicht (mehr) fähig, gleichsam aus der Herzmitte heraus, sich in dieses Gleichgewicht einzuschwingen, dann kann er körperlich und seelisch erkranken, Probleme für sich und für andere erzeugen.

Als geradezu tänzerische Ausdrucksform von Sprache und Musik will die Eurythmie den Menschen sinnlich-ästhetisch mit den Gestalten und Geschehnissen der geistigen Welt verbinden. Im (Nach)Erleben der Bewegungen im Tanz können die TänzerInnen aus der sinnlichen Welt in die übersinnliche Welt aufsteigen. Durch nachbildende Bewegungen der Arme, Hände und Füße in choreografischen Formen wird ihnen ermöglicht nichtsinnliche Bewegungen sichtbar zu machen. Durch diese geistige (spirituelle) Kunst wird das sichtbar, was dem Makrokosmos innenwohnt.

Es ist daher Aufgabe des Lebens wie der Erziehung, das Rhythmische, das Streben nach Gleichgewicht, nach Ausgleich und Zusammensein, das Suchen des Verbindenden und Zusammengehörenden zu pflegen. Es geht um einen harmonischen Rhythmus, was auch die Silbe eu vor dem griechischen Begriff des Rhythmischen ausdrücken will: Eu meint soviel wie harmonisch, schön, wohl, gut. In den eurythmischen Bewegungen spiegeln sich Bewegungen wider, wie sie uns im Kosmos und im menschlichen Organismus begegnen. Der Mensch als Mikrokosmos macht in seinen eurythmisch schöpferischen und künstlerischen Bewegungen den Makrokosmos sichtbar. Der makrokosmische Rhythmus des Jahres- und Tageslaufes mit seinen Naturkräften offenbart sich beim Menschen im Rhythmus des Kreislaufgeschehens, im Puls und Atem.

Es geht der Eurythmie darum, dem sich unwohl oder krank fühlenden Menschen zu ermöglichen, sich aus dem Arhythmischen und Hektischen in den Einklang mit den kosmischen Rhythmen hineinzubewegen, in das Harmonische, Ausgleichende und Ganze einzufinden. Diese harmonischen Bewegungen sind dem Menschen ureigen. Ist er aber aus dem inneren Gleichgewicht geraten, so hat er ein ursprüngliches Bedürfnis wieder in sein Gleichgewicht zu kommen. Nach anthroposophischem Verständnis hat jeder Mensch einen tiefen ursprünglichen Willen in sich, eurythmisch das innere und äußere Gleichgewicht zu suchen, so sein Gemüt zu pflegen und seinen Handlungswillen zu üben, sein Denken und Wahrnehmen zu schulen.

Eurythmische Erziehung achtet auf folgende Inhalte und Ziele:

- Ausbilden der Phantasie
- Üben der Sinne, besonders des Hörsinnes und des Bewegungssinnes
- Koordination der grobmotorischen und feinmotorischen Bewegungen
- Übungen der Körpergeschicklichkeit
- Rhythmisieren und Harmonisieren der Bewegungen durch Musik und Sprachrhythmen
- Üben des schöpferischen Denkens und der räumlich-zeitlichen Vorstellungen
- Beleben der Gefühlskräfte und Fördern der sozialen Kräfte
- Erleben der anderen Menschen und der Gemeinschaft (Klein 2012, S. 110).

Zur Theorie des Rhythmus

Die naturwissenschaftlich und medizinisch orientierte Rhythmusforschung (Chronobiologie) achtet vor allem auf die Zeitstruktur von Lebensvorgängen. Sie kommt zum Ergebnis, dass überall, wo es um Leben in der Natur geht, Rhythmen auftreten. Die Wissenschaft ist überzeugt, dass man dem Leben der Organismen näherkommt, wenn man sich mit den Rhythmen befasst.

Die Chronobiologie konnte nachweisen, dass alle biologischen Funktionen rhythmisch-periodisch strukturiert verlaufen. Die Dauer einer

Periode umfasst ein breites Spektrum von Millisekunden bis zu Jahren. Beim Menschen werden langsame, umweltbezogene Rhythmen (Tag-Nacht-Rhythmus, Wochen-, Monats- und Jahresrhythmus) und schnelle, autonome Rhythmen (Herzrhythmus, Atemrhythmus, Rhythmen im Bereich von Atmung und Puls, von Nervensystem und Sinnesorganen und Rhythmen der Stoffwechselorgane) unterschieden. Die für uns wahrnehmbaren Rhythmen setzen von Geburt an ein und haben eine unverwechselbare individuelle Struktur und Wirkung.

Bekannt ist die prägende Wirkung zeitlich verlässlicher Pflege in der Neugeborenen-Phase oder die Fähigkeit des Kindes beim Schlafen einen eigenen Rhythmus zu entwickeln. Beispielsweise kann von zwei Geschwistern das eine schon sehr bald fähig sein durchzuschlafen und das andere hat diese Fähigkeit auch im 2. oder 3. Lebensjahr noch nicht erlangt. Es handelt sich hier um die Entwicklung ganz elementarer individueller Lebensrhythmen.

Die Entwicklungspsychologie der frühen Kindheit konnte zeigen, dass bereits bei den ersten reflektorischen und sensomotorischen Aktivitäten des Neugeborenen die rhythmische Struktur eine große Rolle spielt. Aus diesen rhythmischen Gesamtbewegungen bilden sich erste sensomotorische Schemata. Es entwickeln sich weitere Schemata durch eine aktive Organisation früherer Erfahrungen. Aus Greifreflexen werden Greifakte. Die Bewegungen der Hände werden mit dem Sehen koordiniert und es bilden sich in Wechselwirkung mit der Umwelt erste stabile Gewohnheiten aus, die nun erste Nachahmungsaktivitäten ermöglichen. Die sensomotorischen Schemata und ersten Gewohnheiten erweitern sich und Handlungsstrukturen differenzieren sich weiter aus. Neue Handlungsstrukturen gehen lückenlos aus den bereits vorhandenen hervor.

Wir erkennen: Der Rhythmus ist ein spontaner individueller Ausdruck des leiblich-seelisch-geistigen Lebens, er ist ein im Körperlichen wurzelnder Gestaltungswille, der auf die sich entwickelnden Handlungsstrukturen ordnend einwirkt. „Rhythmik ist aller Bildung Anfang" (Neuhäuser/Klein 2019, S. 129 ff.; Klein 2012, S. 106).

Von pädagogischem und therapeutischem Interesse ist auch die Erkenntnis, dass beim autonomen Rhythmus verschiedene Qualitätsbereiche unterschieden werden, die beim individuellen Üben, Spielen und Lernen anzusprechen sind. Es wäre gegen die rhythmisch-periodische Struktur des Kindes gehandelt, wollte man es eine Stunde nur kognitiv oder nur sprachlich oder nur bewegungsmäßig ansprechen. Beachtet hingegen die Erzieherin die individuelle rhythmisch-periodische Struktur, dann erweitert und festigt das Kind seine zeitliche Orientierung. Wenn für das Kind bestimmte Ereignisse und Tätigkeiten, Übungen und Spiele zu bestimmten Zeiten wiederkehren, dann kann es feste Gewohnheiten entwickeln, die ihm äußere und innere Sicherheit geben. Untersuchungen konnten bestätigen, dass das Wiederkehren von basalen periodischen Zeitstrukturen die körperlich-seelisch-geistigen Selbstheilungskräfte des Kindes (Menschen) weckt und zur Entfaltung bringt.

Schon allein diese Erkenntnisse der Chronobiologie zeigen die fundamentale Bedeutung des Rhythmischen für das sich entwickelnde Kind. In der Erziehung sollte das rhythmische Prinzip als Sinnprinzip des Lebens, des Übens, Spielens und Lernens geachtet werden. Es strukturiert die Tages-, Wochen-, Monats- und Jahresgestaltung, erleichtert das Lernen und macht die Inhalte zugänglicher. Der Lebensalltag wird in den Rhythmen des Tages, des Monats und des Jahres bewältigbarer. Der Rhythmus gliedert Ereignisse in Zeit und Raum.

Zusammenfassung für die Praxis

Für das Wahrnehmen und Begleiten des Kindes im Alltag der Krippe und des Kindergartens ist bedeutsam, dass der Rhythmus drei wesentliche Eigenschaften hat:

- Rhythmus ist ein Strukturelement von Verläufen in Zeit und Raum.
- Rhythmus ist ein multisensorielles Medium, das mit unterschiedlichen Sinnen wahrgenommen wird: hören, bewegen, berühren, sehen.
- Rhythmus ist ein intersensorielles Medium, das mit unterschiedlichen Sinnen gleichzeitig, d.h. ganzheitlich wahrgenommen wird.

Beim ganzheitlichen Ansprechen verschiedener Sinne üben die einzelnen Sinne eine sich gegenseitig korrigierende und unterstützende Funktion aus (Klein 2012, S. 110).
Diese inneren Zusammenhänge hatte wohl auch Rudolf Steiner durch eigene Erfahrungen und Studien intuitiv erkannt.

2.4 Steiners Erfahrungen als Erzieher

Schon während seiner Wiener Studien- und Hauslehrerzeit widmete sich Steiner den Natur- und Geisteswissenschaften. Er setzte sich mit dem „Geist seiner Zeit" auseinander und erkannte die Welt der Ideen als „Urquell und Prinzip" alles Seins
(Näheres in Ullrich 2011, S. 48 ff.).

Von 1884 bis 1890 wurde ihm im Haus einer großbürgerlichen Wiener Familie die Erziehung eines Jungen mit Hydrocephalus, also eines behinderten Kindes anvertraut. Über seine Erfahrungen berichtet Steiner: „Diese Erziehungsaufgabe war für mich eine reiche Quelle des Lernens. Es eröffnete sich mir durch die Lehrpraxis, die ich anzuwenden hatte, ein Einblick in den Zusammenhang zwischen dem Geistig-Seelischen und Körperlichem im Menschen. Da machte ich mein eigentliches Studium in Physiologie und Psychologie durch. Ich wurde gewahr, wie Erziehung und Unterricht zu einer Kunst werden müssen, die in wirklicher Menschenerkenntnis ihre Grundlage hat. Ich musste mich oft für eine halbe Unterrichtsstunde zwei Stunden lang vorbereiten, um den Unterrichtsstoff so zu gestalten, dass ich dann in der geringsten Zeit und mit möglichst wenig Anspannung der geistigen und körperlichen Kräfte ein Höchstmaß der Leistungsfähigkeit des Knaben erreichen konnte" (Steiner 1962, S. 105). Steiner hatte durch seine Erziehungskunst erreicht, dass der junge Mann aus eigener Kraft sich auch intellektuell gut entwickeln und das Abitur ablegen konnte (Kaschubowski 1998, S. 122 f.). Er erkannte, dass Erziehung und Unterricht zu einer Kunst werden müssen, die ihre Grundlagen in der Menschenerkenntnis hat.

Steiners Vorbereitungen auf den individuellen Unterricht waren intensiv. Sie erfolgten nicht auf der Input-Output-Ebene des Stoffvermittelns und Prüfens der Lernergebnisse, sondern setzten viel tiefer an. Er bemühte sich, das Kind in seinem Menschsein, in seiner biopsychosozialen Ganzheit zu erfassen und seinem leiblich-seelischen Grundbedürfnis zu entsprechen. Steiners Erfahrungen erkannten später bedeutsame Reformpädagogen wie Friedrich Copei, Martin Wagenschein und Wolfgang Klafki, die vom fruchtbaren Moment im Erziehungsprozess, vom Elementaren und Fundamentalen, von der Elementarisierung und kategorialen Bildung sprachen und bis heute beachtet werden.

Erziehungskunst ereignet sich in der Begegnung

Die Kunst des Erziehens lässt sich nicht auf eindeutige methodische Begriffe festlegen, denn das Erziehen ist wie jede Kunst offen und schöpferisch, regt zur eigenen geistigen Tätigkeit an und kann nicht von vornherein, zum Beispiel durch ein klar definiertes Lernprogramm, bestimmt werden. Die Erziehungskunst ereignet sich in der Begegnung mit dem Kind, das nicht wie ein Gegenstand definiert und behandelt werden darf.

Die Erzieherin hat nie eine fertige Antwort, sie begegnet in ehrfürchtiger und demütiger Haltung dem Kind, das seinen eigenen Entwicklungsweg gehen will. Hier begegnen sich zwei Menschen im Geistigen und erbauen miteinander die Welt: die Welt des Kindes und die Welt der Erzieherin. Wie das gedacht ist, kann bei einem unruhigen Kind so beschrieben werden: Soll das Kind ruhiger und entspannter werden, muss die Erzieherin selbst lernen zur Ruhe und Entspannung zu kommen und mit dieser Haltung einen Zugang zur Welt gerade dieses Kindes so finden, dass es sich angesprochen fühlt und mit dem Gegenstand aus eigener Kraft etwas tun und seine Welt frei gestalten will.

2.5 Zur Erkenntnishaltung und Weltanschauung

2.5.1 Grundlegende Orientierung an Johann Wolfgang von Goethe

Goethe-Studien

Grundlage der Waldorfpädagogik ist Rudolf Steiners Menschenverständnis, das in Goethes naturwissenschaftlichen Schriften seinen unmittelbaren geistigen Hintergrund hat. In seinen Studien der Schriften Goethes erforschte Steiner dessen Erkenntnistheorie und Weltanschauung. Steiner erkennt: „Nun aber wurde mir an meinen Goethe-Studien klar, wie meine Gedanken zu einem Anschauen vom

Wesen der Erkenntnis führen, das in Goethes Schaffen und seiner Stellung zur Welt überall hervortritt. Ich fand, dass meine Gesichtspunkte mir eine Erkenntnistheorie ergaben, die die der Goetheschen Weltanschauung ist" (Steiner 1961, S. 9 f.).

Während dieser Studienzeit entwickelte sich bei Steiner ein sich vertiefendes Erkennen, das ein Steigern der Selberkenntnis zum weiteren Erkennen des in der Welt wirkenden Geistes ist. Der Mensch nimmt mit seinen Sinnen, seiner Phantasie und genauem Beobachten der Natur sich selbst besser wahr, lernt sich als Teil des großen Naturgeschehens verstehen und erweitert so als geistiges Wesen sein Bewusstsein. Steiner verstand sich als philosophischer Interpret der Goetheschen Weltanschauung und fühlte sich in dieses Geschehen eingebunden, ja als Teil des sich wandelnden Weltgeschehens.

In dieser Idee (Anschauung, Theorie) sieht er den Grund der sich wandelnden Welt und schloss diese meditierenden Betrachtungen mit einer Doktorarbeit ab. In seinem Werk „Philosophie der Freiheit" macht er als führendes Mitglied der Theosophischen Gesellschaft darauf aufmerksam, dass die Fähigkeit zum Erkennen der geistigen Welt jedem Menschen ursprünglich innewohnt, also in ihm angelegt (veranlagt) ist. Doch durch das veräußerlichte, auf Macht und Besitz konzentrierte Denken, wurde die Tiefe der Welt- und Naturverbundenheit des Menschen als innere Logik aus den Augen verloren. Das verinnerlichte und auf die gesamten Lebens- und Entwicklungszusammenhänge bezogene Geistige war nicht mehr gefragt.

Für Steiner war bedeutsam, wie Goethe die Welt anschaut: sie ist nicht etwas Festes und Gewordenes, sondern wandelt sich. Goethes Idee der Metamorphose deutet Steiner als das Verwandeln des Ideellen in wechselnde Gestalten. So ist die Urpflanze eine – wie Goethe sagt – „geprägte Form, die lebend sich entwickelt". Goethe kam es nie darauf an „wozu etwas nützt; stets nur darauf, wie es sich entwickelt." Nicht als abgeschlossenes Ding will er ein Objekt betrachten, „sondern in seinem Werden, damit er erkenne, welchen Ursprunges es ist" (Steiner 1961, S. 74 f.).

Für Goethe muss sich der Mensch zuerst selbst finden und mit sich selbst übereinstimmend sein, um sich zu verändern bis er vom „Weltgeist berufen in den Äther [...], in die kosmische oder göttliche Ordnung zurückkehrt" (Damm 2007, S. 152 und S. 276). Es kommt nicht auf das Formale und Äußere in der Welt an, das verwirren kann, sondern auf den Inhalt, der immer wieder neu zu gestalten und zu wandeln ist. Diese „Umwandlung“ macht heiter und glücklich (ebd., S. 353 f.).

Goethes Forderung

> *„Erst empfinden, dann Gedanken.*
>
> *Erst ins Weite, dann zu Schranken.“*

steht quer zu den Prinzipien der heutigen Pädagogik. Goethe geht es um das langsame Gebären der Gedanken an Gegenständen der Natur aus den eigenen Gefühlen heraus. Dieses gegenständliche Denken bezeichnet Goethe als das reifste Denken, das für den forschenden Geist des kleinen Kindes und dem großen Wissenschaftler gleichermaßen zutrifft (Osten 2007, S. 77 f.): Die Gegenstände erregen Vorstellungen, führen zu den Uranfängen und drängen den individuellen Geist zum Aufspüren und Finden, zum schöpferischen Erkennen, das im steten Wandel ist und der Eile die Stirn bietet (siehe Abschnitt 2.10.1).

Zwei grundlegende Entwicklungsfragen

Nach Goethe und Steiner findet überall auf der Welt eine Wandlung nach dem Prinzip des Geistigen statt. Daraus ergeben sich für die Erziehung zwei grundlegende Entwicklungsfragen:

- Was ist im einzelnen Kind (Menschen) veranlagt und was kann sich aus ihm entwickeln?
- Wie hat die Waldorfpädagogin zu sein und wie kann sie helfen, damit sich diese Individualität nach ihren Anlagen, kreativen Talenten und Fähigkeiten entwickelt?

Im Gegensatz zur verhaltenspsychologischen Betrachtung geht die Waldorfpädagogik davon aus, dass sich beim Lernen tiefgreifende Wandlungen im Kind als leiblich-seelisch-geistige Einheit vollziehen. Gerade durch das Freispiel, bei dem das Kind schon im frühen Alter die Erwachsenen nachahmt, macht es prägende Erfahrungen, die den Wandlungsprozess im späteren Leben bestimmen.

Das Ganze der Entwicklung sehen und erkennen

Steiners Erkenntnistheorie hat das Ganze der Entwicklung im Blick. Damit überwindet er den Gegensatz von Subjekt (Erzieherin als Subjekt) und Objekt (Kind als Objekt). Er schaut auf das, was sich zwischen zwei Subjekten abspielt: zwischen der Erzieherin als Subjekt und dem Kind als Subjekt. Steiner interessiert das intersubjektive Geschehen (Barth/Maschke 2014). Wie kann dieses Beziehungsgeschehen, das sich zwischen Erzieherin und Kind ereignet, wahrgenommen und reflektiert werden? Darauf antwortet Steiner mit dem Hinweis auf das Geistige, das in der Welt wirkt.

Erkennen der im Menschen wirkenden geistigen Kraft

Nach Steiner ist der Mensch fähig, ganz intuitiv ein schöpferisches Denken zu entwickeln, das es ihm ermöglicht, die im Kosmos und im Menschen wirkende geistige Kraft zu erkennen. Der Mensch kann einerseits mit seinen Sinnen die Welt erkennen und anderseits das Wesen des Menschen mittels eines inneren Sinns unmittelbar wahrnehmen: durch „Geist-Erkenntnis“, das ein Erkennen mit den Sinnen übersteigt. Es ist ein intuitives Erkennen (erahnendes, unbewusstes Erfassen von Zusammenhängen) des in der Welt wirkenden Prinzips. Dieses geistige Schauen aus dem unmittelbaren Erleben der Wirklichkeit ist nach Goethe eine aus dem inneren Menschen sich entwickelnde Offenbarung, die in der Regel ein längeres denkerisches Beschäftigen mit dem Gegenstand voraussetzt und durch längere seelisch-geistige Übungen erworben werden kann. Wie das gemeint ist, das zeigt Hilke Osika (siehe 2.10.2).

Der Mensch kann einerseits mit seinen Sinnen die Welt wahrnehmen und er kann anderseits das Wesen des Menschen mittels eines inneren Sinns unmittelbar anschauen. Steiner beschreibt diesen inneren Sinn als künstlerisches Schaffen des Geistes: „Nun, kein anderer ist dieser Sinn als derjenige, der uns als Menschen auch verliehen ist für das Auffassen der Kunst, der künstlerische Sinn, der Sinn, der uns überliefern kann jenes Scheinen des Geistes in der Materie, das uns als Schönes sich offenbart, das uns in der Kunst entgegentritt. Dieser künstlerische Sinn ist zu gleicher Zeit der Sinn, der uns den Menschen unmittelbar in der Gegenwart in seiner Wesenheit erkennend ergreifen lässt“ (Steiner 1961, S. 18).

Geisteswissenschaft als Kunst

Für Steiner bilden also Geist und Materie eine lebendige Einheit. In dieser Einheit sind Kunstwerk (Bild oder hergestellter Gegenstand) und schaffender Künstler (ein malendes Kind oder ein gestaltender Erwachsener) nicht voneinander zu trennen. Wenn Kinder eine Landschaft aus Naturmaterialien mit Schiffen auf einem Fluss gestalten, dann sind sie künstlerisch tätig. Sie entwickeln ganz intuitiv ihre individuellen Kräfte der Phantasie: Sie können sich etwas in Gedanken ausmalen, lernen denken, bilden Vorstellungen aus und üben ihren Willen. Ihr Kunstwerk, das aus Materie hervorgeht, und ihr Tätigsein, das aus ihrem Innersten, aus ihrem Geist hervorgeht, bilden eine Einheit. Die Kinder entwickeln so durch sinnliche Erfahrungen eine lebenspraktische schöpferische Urteilskraft, die es ihnen ermöglicht, sich mit ihrem Werk zu identifizieren.

Steiner sieht die Aufgabe der Geisteswissenschaft darin, den Menschen (wieder) zu befähigen, das in der gegenständlichen Welt Vorhandene und sich Ereignende mit seinem Geist zu erkennen. Im künstlerischen Schaffen bringen Kinder und Erwachsene neue Ideen und verborgene Möglichkeiten durch ihren Geist hervor und entwickeln ihre schöpferische Urteilskraft. Sie ordnen ihr Handeln, Fühlen und Denken und bringen dadurch neue Gedanken hervor: Das ist die Ur- oder Grundform des Erkennens und ermöglicht das Erleben von Freude und Glück. Sie trifft für alle Menschen zu, unabhängig vom Alter oder sonstigen Merkmalen.

Damit wird auch auf die gegenwärtige Bewusstseinskrise geantwortet, die in der unzulänglichen Theorie wurzelt und in der Praxis sichtbar wird. Deshalb bedürfen Theorie (Denken, Urteilen) und Praxis (Handeln, Wille) der Vertiefung (Wandlung) durch Kunst, durch intuitives, meditatives und kontemplatives Gestalten. Diese Erziehungskunst wird heute mit der trialen Methode, die Praxis, Theorie und Kunst (rhythmisch-schöpferisches Gestalten) als Einheit sieht, praktiziert und weiter reflektiert (Maschke 2019, S. 201).

2.5.2 Zum religiösen Grundimpuls

Die Waldorfpädagogik durchzieht ein religiöser Impuls. Der Besucher eines Waldorfkindergartens nimmt eine fröhliche und feierlich

Atmosphäre wahr, die im Zeichen der Freiheit des geistigen Lebens und der Verantwortung für den Nächsten alle Bereiche der Erziehung und Bildung umfasst: „Das religiöse Leben der Gemeinschaft, gefördert von den Künsten, bildet den geistigen Mutterboden, auf dem ein Kind schrittweise zu seiner eigenen Bedeutung und Identität findet" (Weihs1974, S. 154). Die religiöse Grundstimmung wird beim Jahreskreislauf der Feste und Feiern oder dem gemeinsamen besinnlichen Beginn beim Morgenkreis erlebt.

Hier sind auch die Märchen, Fabeln und Legenden zu erwähnen, die als Urbilder für die seelisch-geistige Entwicklung des Kindes von grundlegender Bedeutung sind. Kinder erleben und erfühlen jene inneren Bilder der geistigen Welt, aus der sie kommen. Da sich ein Kind nach und nach in die geistige Welt, aus der es kommt, wieder inkarniert (verkörpert), werden in den Märchen, Fabeln und Legenden grundlegende seelisch-geistige Bildungsgehalte gesehen. Das Kind ahnt und empfindet innere Bilder der geistigen Welt, aus der es kommt. Die Waldorfpädagogin hilft ihm als Vorbild auf diesem Bildungsweg, damit es sich an ihr selbst erziehen kann. Das zeigt in allen Einzelheiten die Waldorferzieherin Gabriele Scholz (Kapitel 4).

2.5.3 Zusammenfassende Betrachtung

Waldorfpädagogische Einrichtungen sind eine weltweit lebendige und sich rasch entwickelnde reformpädagogische Bewegung freier Bildungseinrichtungen. Offenbar ist die Zeit reif für ein Vordringen zu einem ganzheitlichen Menschenbild, das zersplittertes Schubladen-Denken hinterfragt, sich dem menschlichen Grundanliegen zuwendet und zu einer Einheit zusammenzubindet, bei der „Heilen (im Sinne von Ganzmachen; Anm. F. K.) und Erziehen dieselbe Bedeutung haben" (Freilingsdorf/Grimm/Kaldenberg 2013, S. 88).

Das bedeutet für die Praxis: Wenn eine Waldorferzieherin mit Kindern über Wiesen oder durch den Wald geht, bewegt der Rhythmus des Körpers ihren Geist und klärt ihre Gedanken. Sie erfährt den Gleichklang zwischen ihrer inneren und äußeren Bewegung, der bei ihr die Vorstellung erweckt, auch der Geist sei eine Art Landschaft und das Gehen eine Möglichkeit die einladende Natur mit den Kindern zu durchqueren und mit ihnen Erfahrungen zu sammeln und zu ordnen.

In Steiners „Philosophie der Freiheit“ (1995) können vier aufeinander bezogene und ineinander gehende Elemente, die für die Waldorfpädagogin bedeutsam sind, erkannt werden:

- Bewusstsein, das sich durch praktische Erfahrungen ausbildet: ermöglicht ein schöpferisches Denken in vernetzten Zusammenhängen.
- Offenes und reflexives Fragen: ermöglicht ein Verstehen der vernetzten Zusammenhänge.
- Sich mit den eigenen Intuitionen identifizieren: ermöglicht ein empathisches Denken, ein Denken in der Beziehungsgestaltung mit dem Anderen.
- Moralische Phantasie: ermöglicht dem leiblich-sinnlichen Subjekt ein autonomes Erfahren der komplexen Zusammenhänge der Welt und ein sich vertiefendes und bejahendes Denken im Hinblick auf Zukünftiges.
- Im Vollzug dieses ganzheitlichen Erkennens wird Freiheit in Verantwortung realisiert. Dieses Paradigma kann folgendermaßen beschrieben werden: Der aus Erkenntnis handelnde Mensch ist ein Ganzer. In dieser Ganzheit wirken vier Elemente zusammen, die Freiheit im Handeln ermöglichen: Bewusstheit, selbstverantwortliches Denken, die kraftvolle Identifikation mit den eigenen Intuitionen und eine schöpferische, die Zukunft ergreifende moralische Phantasie. Auf diesem vierfachen Boden wächst die Freiheit der handelnden Waldorferzieherin (Klein 1999, S. 86).

2.5.4 Angebot für Studium und Weiterbildung

Zu diesem ganzheitlichen Denken und Handeln laden vielfältige praxisintegrierte Seminare, Aus- und Weiterbildungsangebote zum Waldorferzieher und zur Waldorferzieherin ein.
Die Bildungsangebote gehen vom individuellen Kind als Gestalter seiner Gegenwart aus. Sie nehmen das Kind wahr, das sich mit Offenheit ins Leben hineinstellt, mit Freude die Welt entdecken, begreifen und tatkräftig mitgestalten will.

Die Angebote laden ein, sich mit der Waldorfpädagogik persönlich auseinanderzusetzen, um

- ein umfassendes Verständnis vom Kind als leiblich-seelisch-geistige Ganzheit zu gewinnen;
- die Fähigkeit zu entwickeln, das einzelne Kind in seiner unverwechselbaren Individualität zu achten und sich in seine innere Welt einfühlen zu können;
- in der Begegnung mit den Kindern wach, lebendig, klar und kreativ zu handeln und Lebensräume für gemeinsames Wachsen zu gestalten.
- Diese ganzheitlichen Bildungsangebote verbinden Theorie, Praxis und Kunst (künstlerisches Üben) direkt miteinander und ermöglichen durch eigenes Wahrnehmen und Erkennen nachhaltige Selbsterfahrungen für ein gelingendes kollegiales und situationsorientiertes pädagogisches Handeln.[7]

2.6 Steiners soziale Antwort auf die Krise der Zeit

Seine Idee

Rudolf Steiner wurde in einer krisenerschütterten Zeit in schulischen Bildungsfragen um Rat gebeten. Er verfolgte die Idee eines gesellschaftlichen Wandels, der die Wiederholung der Katastrophe des ersten Weltkriegs unmöglich machen sollte. Er sprach auf Einladung vor Arbeitern der Stuttgarter Zigarettenfabrik Waldorf Astoria über die soziale Dreigliederung, die sich in ihren Grundzügen an Ideale der französischen Revolution lehnt: Gleichheit im Rechtsleben – Brüderlichkeit im Wirtschaftsleben – Freiheit im Geistesleben. Nach diesem Ideal sollten Bildungseinrichtungen frei von staatlichen, parteipolitischen und wirtschaftlichen Verwertungsinteressen sein. Durch das

7 Zur Vertiefung in die Erziehungskunst im Waldorfkindergarten weise ich auf das Hörbuch „Rudolf Steiner – Die Kunst, ein Kind zu erziehen" hin. Erschienen in der Rudolf Steiner Hörbuch-Edition

Prinzip des Geistigen, das in der Welt und im Menschen wirkt, strebte er eine menschenwürdigere Gesellschaft an. In Waldorfeinrichtungen kann sich ein „freies Geistesleben" mit einem starken humanen Leistungswillen entwickeln.

Gründung und Konzeption der ersten Einheitsschule

1919 wurde die Freie Waldorfschule als „Einheitliche Volks- und Höhere Schule" für die Kinder der Arbeiter und Angestellten der Waldorf-Astoria-Zigarettenfabrik gegründet. Emil Molt, Direktor des Unternehmens und der Betriebsrat legten die Planung und Gestaltung der Einheitsschule ohne soziale Selektion in die Hände Rudolf Steiners, der im Zuge der reformpädagogischen Bewegung dieser Zeit nun eine wegweisende Schule, eine integrative, kindorientierte, ganzheitliche und basisdemokratische Erziehung und Bildung konzipierte.

Steiner wurde mit der pädagogischen Leitung beauftragt. Er legte den Lehrkräften kein vorgefertigtes oder dogmatisches Konzept vor. Deren grundlegende Aufgabe ist es, sich den Kindern innerlich zu öffnen und zu tieferen Erkenntnissen der Kinder zu kommen. Das erzieherische Handeln gestaltet sich so im unmittelbaren Vollzug und im Bemühen um das Erkennen des im Kinde ursprünglich Veranlagten täglich neu.

Steiner bereitete das Kollegium in einem 2-wöchigen pädagogisch und methodisch-didaktischen Einführungskurs auf diese neue Aufgabe vor. Am 7. September 1919 wurde die Schule für 191 Arbeiterkinder und 65 Kinder aus gut situierten Elternhäusern feierlich eröffnet. Binnen kurzer Zeit stieg die Schülerzahl auf das Dreifache an.

Die Pädagogik dieser Schule, die sich in erster Linie an den Kindern und nicht am Stoff orientiert, war der breiten Öffentlichkeit lange unbekannt. Erst die Zunahme „schwieriger Kinder" und die Krise des staatlichen Bildungssystems ließen den Ruf nach einer humanen Schule lauter werden. Eltern entdeckten in der lange als „pädagogische Provinz in einer heilen Welt" apostrophierten Waldorfpädagogik eine Alternative. Zu ihrer raschen Ausdehnung, insbesondere in den 1980er Jahren, trugen die Realisierung einer ganzheitlichen Erziehung und Bildung (inklusive staatlich anerkanntem Abitur), die Verbindung von beruflicher- und allgemeiner Bildung sowie die Selbstverwaltung der Kindergärten, Schulen und Lebensgemeinschaften bei. Steiner wollte durch das Prinzip der Freiheit im Geistesleben ein vom Staat unabhängiges Erziehungswesen schaffen und dadurch eine menschenwürdigere Gesellschaft mitgestalten.

Er strebte Bildungseinrichtungen an,

- die von staatlichen,
- parteipolitischen und
- wirtschaftlichen Verwertungsinteressen unabhängig sind und
- in denen sich in selbstverwalteten Einrichtungen ein „freies Geistesleben" und
- eine Normalisierung in sozialen Gemeinschaften entwickeln kann.

In seiner Eröffnungsansprache bezeichnete Steiner die pädagogische Arbeit als eine im tiefsten Grunde seelsorgerische Aufgabe. Er fragte: „Und ist es nicht schließlich eine höchst heilige, religiöse Verpflichtung, das Göttlich-Geistige, das ja in jedem Menschen, der geboren wird, neu erscheint und sich offenbart, in der Erziehung zu pflegen?" [...] Bei diesem „Erziehungsdienst" geht es um das Herausbilden des veranlagten „Göttlich-Geistigen des Menschen im werdenden Kinde! Lebendig werdende Wissenschaft! Lebendig werdende Kunst! Lebendig werdende Religion – das ist schließlich Erziehung, das ist schließlich Unterricht" (zit. n. Ullrich 2011, S. 85 ff.).

In weiteren pädagogischen Kursen akzentuierte Steiner die Kunst, das plastische Gestalten der Lebensprozesse durch Musizieren, Sprache und Dichtung. Der Ruf dieser Reformschule breitete sich schnell weltweit aus. Bis heute gibt es in den Waldorfschulen keine Noten und kein Sitzenbleiben. PISA-Tests über die zentralen Abiturprüfungen zeigen, dass Waldorfschulen sogar auf den vorderen Plätzen zu finden sind.

Steiners „Heilpädagogischer Kurs"

Bald nach dem Besuch des „Heil- und Erziehungsinstituts für Seelenpflegebedürftige Kinder Lauenstein" (bei Jena) und ein Jahr vor seinem Tod führte Steiner in Dornach mit Ärzten und Pädagogen im

Juni/Juli 1924 einen „Heilpädagogischen Kurs" (mit 12 Vorträgen) durch, der bis heute als Grundlage der anthroposophischen Heilpädagogik und Sozialtherapie gilt, die Waldorfpädagogik in Kindergärten und Schulen um den integrativen Aspekt vertieft und die Entwicklung des Leibes/der Leibesorganisation und des Gehirns in den ersten Lebensjahren für die Ich-Entwicklung betont. Das Ich wird als leibschaffende Kraft verstanden, was jüngste hirnphysiologische Forschungen untermauern. Deshalb gehören dem Kollegium der Waldorfschulen und heilpädagogisch-therapeutischen Einrichtungen auch Therapeuten und Ärzte an.

Von 1936 bis 1938 mussten die Waldorfschulen, Waldorfkindergärten und heilpädagogisch-therapeutischen Einrichtungen in Deutschland schließen, da sie den nationalistischen Erziehungsgrundsätzen nicht entsprachen. Im September 1945 eröffneten wieder einige Einrichtungen. Es kam bald zu Neugründungen.

2.7 Gründung des ersten Waldorfkindergartens

Waldorfkindergärten waren ursprünglich nur eine Hoffnung Steiners. Heute sind sie ähnlich den Montessori-Kindergärten als Alternative zum Regelkindergarten gefragt. Jede Einrichtung hat ihre ganz eigene individuelle Ausprägung. Die Arbeit ist in der Regel von Beginn an inklusiv.

Die Fröbel-Pädagogin Elisabeth von Grunelius wurde auf Steiners Menschenkunde aufmerksam, ging ans Goetheanum nach Dornach (Schweiz) und lernte dort Steiner kennen. Er machte ihr den Vorschlag, mit ihm nach Stuttgart in die Waldorfschule zu kommen (Buchka 2019, S. 12). Ihr Handlungsmotiv: Stets geht es um die Gestaltung einer Lebensumgebung, in der sich die Kräfte eines Kindes wie in einer idealen Familienatmosphäre harmonisch entwickeln können, was leider im ausreichenden Maße nicht mehr vorhanden ist. Deshalb ist in ihm „Entspannung und Muße" zu pflegen (ebd., S. 13). Dieses Motiv finden wir bereits bei Fröbel, der die besondere Bedeutung der Mutter als Beziehungsperson hervorgehoben hatte und von „Mutter-Unterricht" sprach. Das sozialfürsorgerische Motiv bestimmt bis heute weitgehend die Arbeit im Waldorfkindergarten. Da die Mütter häufig berufstätig sind, können sie dieser Aufgabe nicht hinreichend nachkommen. Deshalb muss der Waldorfkindergarten heute in gesteigertem Maße versuchen dem Kind im Sinne einer ergänzenden Familienerziehung einen Lebensraum zu schaffen, der durch eine „seelische Umgebung" korrigieren, kompensieren und ausgleichen kann.

Kindern den Garten Eden zurückgeben

Ganz in der Tradition des Gründers des Kindergartens Friedrich Fröbel sollte der von Elisabeth von Grunelius mitkonzipierte und in der Stuttgarter Waldorfschule eingegliederte Waldorfkindergarten ein „Kinder-Garten" sein, der den Kindern den Garten Eden zurückgibt, ein Ort, in dem sie sich durch achtende und wertschätzende Erzieher und Erzieherinnen zum rhythmisch gestalteten Spielen, Lernen und freudigen Zusammensein einfinden.

1926, kurz nach Steiners Tod, konnte der Kindergarten eröffnet werden. Der erste „Förderplan" war die Anschauung des Lebens zur gesunden Entwicklung jedes Kindes an Körper, Seele und Geist: Dem Kind aus einer inneren Haltung heraus eine liebevolle und warme Umgebung schaffen, in der es sich durch selbstinitiiertes Spiel, Lernen und Nachahmung entwickeln kann. Diese Haltung erfordert einen kontinuierlichen Prozess der Selbsterziehung der Erzieherin, eine meditative Praxis, die künstlerische und praktische Tätigkeit einschließt (Strehlow/Howard 2020, S. 258 ff.).

Dem Kind Hülle geben in der sich wandelnden Gesellschaft

Grunelius hat Steiners Grundgedanken aufgenommen und der Erzieherin und dem Erzieher folgende Berufsmotivation mit auf den Weg gegeben: „Sie müssen sich in Ihrer Begegnung mit dem Kind immer fragen, wie Sie dem kleinen Kind eine schützende Hülle für seine noch nicht abgeschlossene leibliche, seelische und geistige Entwicklung geben können, und wie Sie den Waldorfkindergarten immer wieder neu auf die Anforderungen der Familie und Gesellschaft einstellen können, um ihn lebendig zu halten" (zit. n. Buchka 2019, S. 14).

Nach Schließung des Kindergartens durch den Nationalsozialismus im Jahre 1938 nahm Grunelius eine Einladung aus den USA an und gründete dort zwei Waldorfkindergärten. 1954, also 9 Jahre nach Kriegsende, kehrte sie nach Deutschland zurück und war in der Waldorfkindergartenbewegung ehrenamtlich tätig (ebd., S. 14).

Fröbels Idee

In das Konzept der Gründung des ersten Waldorfkindergartens gingen Friedrich Fröbels Gedanken mit ein. Fröbel war aus dem „innersten Kern seines Wesens heraus Pädagoge", der zeitlebens von den Kindern gelernt hatte und das Spiel als ihre Lebens- und Lerngrundform erkannte: „Es ist aber die Hauptsache, das aufzufinden, was in dem Kinde lebt, und das zu beobachten. Die Beachtung des Kleinsten ist das Wesen der Erziehung und damit die Grundlage der Kindergärten. Ich habe von den Kindern gelernt und lerne von ihnen bis zu diesem Augenblicke" (Fröbel, zit. n. Klein 2019, S. 134). Für Fröbel waren die freien Spiele „Herzblätter des ganzen künftigen Lebens", die im Kindergarten eine „Lebenseinigung" wie in einer Familie mit der Wärme der Mutter ermöglichen. Und im Spiel mit Gegenständen, die Fröbel Spielgaben nannte, liegen ordnende Kräfte. Das Kind lernt, Regeln und Ordnungen zu folgen. Und es kann im freien und gebundenen Spiel (mit Gegenständen)

- unverarbeitete Erlebnisse, Ängste, Spannungen und Konflikte ausdrücken,
- seine innere Welt (wieder) ordnen und ganz (gesund) machen.

In diesem Erziehungsraum wird das Kind frei für fantasiereiches Handeln und Denken, aber auch für das angemessene Einschätzen der eigenen Möglichkeiten und Grenzen. Für Fröbel und seine Interpretin Elisabeth von Grunelius ist die Erziehung an Inhalte (Gegenstände) gebunden, die Naturgesetze beinhalten. Diese Gesetze kann das Kind im Spiel ahnen, nachahmen und üben. Durch diese Selbsttätigkeit eignet es sich ganz unmittelbar und wie selbstverständlich Naturgesetze an.

Erste Erfahrungen mit der Erde

Es wird aber auch zum respektvollen Umgang mit der Natur (Garten, Blumen- und Tierpflege) angeleitet, denn es muss sich an Regeln orientieren, die sein Verhalten – zum Beispiel bei der Blumenpflege – ordnen, disziplinieren und sensibilisieren. Das Kind ahnt die Zusammenhänge der gegenständlichen Welt. Es lernt, diese nach und nach zu begreifen und in seine kognitiven, emotionalen und sozialen Schemata (innere Strukturen) einzuordnen. Durch diese „Lebenseinigung" entfaltet sich nach Fröbel die im Menschen veranlagte göttliche Kraft, von der auch Rudolf Steiner sprach. Für beide Reformpädagogen und ebenso für die Reformpädagogin Maria Montessori darf der Kindergarten keine Kleinkinderschule sein. Die Kinder „sollen sich frei entwickeln, weil so viel als es Menschen möglich ist, das Göttliche in dem Menschen gepflegt werden soll" (zit. n. Klein 2019, S. 144; zur Fröbelpädagogik siehe Klein 2019, S. 133-150).

2.8 Praxis des Waldorfkindergartens

Beispiel

In der Kita-Fachzeitschrift „erziehungsKUNST – frühe KINDHEIT – Waldorfpädagogik heute" finden wir den Beitrag von Dagmar Scharfenberg „Das Völkchen in der Puppenecke". Daraus zitiere ich, um auf Steiners Erziehungskunst und seiner Interpreten in einfacher und gehaltvoller Sprache aufmerksam zu machen: „Ein Anliegen der Waldorfpädagogik in den ersten sieben Lebensjahren ist es, das Kind bei der Entwicklung seines Leibes zu unterstützen und ihm dabei eine Umgebung zu bieten, in der es sich selbst entfalten kann. Mit Sorgfalt und Bewusstsein müssen daher die Dinge gestaltet sein, die es in seiner Umgebung vorfindet. Alle Erfahrungen, die es im Kindergarten machen kann, wirken über die sinnliche Wahrnehmung direkt auf die Leiblichkeit des Kindes. So macht es auch viel aus, wie die Puppen und die Heimat der Puppenkinder im Kindergarten gestaltet sind und wie wir Erwachsene nicht nur mit den Kindern, sondern auch mit den Puppen leben und umgehen. Täglich muss der Erzieher sie im Bewusstsein haben. Wie geht es ihnen? Sind sie alle da? Sind Reparaturen notwendig? Wie ist der Zustand der Puppenkleider? Ist die Puppenecke aufgeräumt und alles an seinem Platz in Erwartung des Kindergartentages?" (Scharfenberg 2019, S. 30)

Diesem Beitrag ist noch auf der gleichen Seite ein Zitat der weltberühmten schwedischen Kinderbuchautorin Astrid Lindgren beigefügt, die 1978 in der Frankfurter Paulskirche den Friedenspreis des Deutschen Buchhandels erhielt. Das Zitat veranschaulicht wie die Puppe Mirabell fühlt, was sie will und denkt, obwohl der Text nicht nach der sonst üblichen Logik an Ausführungen von Scharfenberg direkt anschließt und dennoch auf einen übergreifenden Denkzusammenhang aufmerksam macht, der sich erst durch Rudolf Steiners Menschenkunde, durch sein spirituelles und verweilendes Nachdenken erschließt:

> *„Nun habe ich Mirabell schon seit zwei Jahren, und ich glaube nicht, dass es irgendwo auf der Welt ein Mädchen gibt, das so eine wunderbare Puppe hat wie ich.*

Gewiss, sie ist ziemlich wild, das ist wahr. Aber ich mag sie trotzdem so gern. Niemand außer mir weiß, dass sie sprechen und lachen und essen kann wie ein richtiger Mensch.

Wenn Mama und Papa in der Nähe sind, starrt sie gerade in die Luft und sieht nicht ein bisschen lebendig aus.

Aber wenn wir alleine sind – oh, oh, oh! Wir haben so viel Spaß!

Waffeln mag sie besonders gern.

Ich habe ein kleines Waffeleisen und jeden Tag backe ich ihr Waffeln.

Mama glaubt, ich tue nur so, als ob Mirabell essen kann.

Aber sie isst wirklich!

Einmal hat sie mich in den Finger gebissen, natürlich nur zum Spaß."

Hinweis auf Steiners Menschenkunde

Nach Steiners Menschenkunde steht das Kind in den ersten Lebensjahren in einer engeren Beziehung zur geistigen Welt als später. Deshalb betrachtet die Waldorfpädagogik das Kind als Bote einer höheren Welt, in dessen Phantasie und schöpferischem Tätigsein sich eine geistige Botschaft zeigt (offenbart). Der Grundgedanke für die Erziehung im Kindergarten ergibt sich aus der Natur des Kindes, das in den ersten sieben Jahren mit der höheren geistigen Welt eng verbunden lebt und seine Sinne entfalten will. Das Kind im ersten Jahrsiebt ist ganz Sinnesorgan. Mit den Sinnen ergreift es auf seine individuelle Art und Weise handelnd seine umgebende Welt, die ihm durch viele Gelegenheiten das sinnliche Erfassen ermöglicht. Dieser Aufgabe muss sich die Waldorfpädagogin als nachahmenswertes Vorbild würdig erweisen und zugleich den Kindern ein reichhaltiges Angebot an Tätigkeiten machen, die ihre Sinne kultivieren und ihren Willen schulen.

Die Erzieherin sieht das Kind nicht als einen noch unvollkommenen Menschen, sondern als ein Wesen, das der geistigen Welt näher ist als der Erwachsene. Sie hat es ehrfürchtig zu begleiten und wird die vier pädagogischen Leitlinien beachten: **Nachahmung, Rhythmus, religiöse Erziehung/Märchen und Freispiel.**

Nachahmung

Im „ersten Jahrsiebt" entfaltet das Kind seine Sinne durch nachahmendes Lernen, was den Erwachsenen zum Vorbild-Sein für das Kind auffordert: „Streng sollte darauf gesehen werden, dass in der Umgebung des Kindes nichts geschieht, was das Kind nicht nachahmen dürfte [...] Alle Spielzeuge, welche nur aus toten mathematischen Formen bestehen, wirken verödend und ertötend auf die Bildungskräfte des Kindes, dagegen wirkt in der richtigen Art alles, was die Vorstellung des Lebendigen erregt" (Steiner, zit. n. Ullrich 2011, S. 153).

Was die Erzieherin tut und wie sie es tut, soll für das Kind vorbildlich und nachahmenswert sein. Sie lebt in der Bildungseinrichtung wie in einer Familie als Lebensgemeinschaft: Kinder und Erzieherin kochen und backen, waschen und bügeln, nähen und putzen.

Gabriele Scholz mit Kindern beim Teigkneten

Kinder können auch durch handwerkliche Tätigkeiten mit Hammer und kleinem Werkzeug oder mit Rechen und Schubkarren lebenspraktische sinnliche Erfahrungen machen: Im Miterleben und Nachvollziehen dieser elementaren und basalen Arbeiten, die sinnvoll auseinander hervorgehen, üben die Kinder Fähigkeiten und Fertigkeiten, die als Vorstufen für den späteren Erwerb des logischen und problemlösenden Denkens gesehen werden. Sie übernehmen Regeln und Gewohnheiten des zwischenmenschlichen Zusammenlebens und bilden ihre Kompetenzen.

Beispiel: Die gerade einjährige Sophia sitzt auf dem Boden und schaut dem Erwachsenen zu, der Bausteine aufeinanderlegt. Nach und nach entsteht ein Turm. Aufmerksam schaut sie zu und taucht in den Ablauf der Bewegungen konzentriert ein. Bald greift sie nach einem Baustein und setzt ihn auf den bereits vorhandenen Turm und baut weiter. Hier gibt der Erwachsene ganz ohne verbale Anweisung, allein durch sein Vorbild dem Kind Orientierung. Er kann durch sein Vorbild die Entfaltung der Individualität des Kindes anregen und seinen eigenen Weg in die Welt vorbereiten. In dieser Beziehungssituation begegnen sich das Ich des Erwachsenen und das Ich des Kindes und der Erwachsene erlebt sich in diesem Resonanzraum durch das Kind gespiegelt. Und das Kind erlebt sich durch diese nachahmende Tätigkeit in seiner menschenbildenden Ganzheit. Bald entwickelt es ganz nebenbei aus sich heraus koordinierte Bewegungen, eine liebevolle Haltung, sein Sprechen/seine Sprache, seine viso-motorische Koordination (Finger- und Handgeschicklichkeit), seine Grob- und Feinmotorik, Geschicklichkeit, sein Gedächtnis, das Unterscheiden und Zuordnen von Größen, Formen und Farben, das Zusammenzählen und Abstrahieren von Zusammenhängen. In dieser durch Nachahmung nach und nach entstehenden „Begegnung von Ich zu Ich, vom Ich des Kindes zum Ich des Erwachsenen" (Vieser 2020a, S. 28) erlebt es inneren Halt und Geborgenheit.

Das Kind

- lernt so nebenbei (concomitant learning) sein Leben kennen,
- entdeckt seine vielfältigen Potenziale, Begabungen und Talente,
- entwickelt seine individuellen Lern- und Handlungswege und
- erfährt gleichzeitig eine erfüllte, glückliche Kindheit.

Rhythmus

„Die Kunst des Erziehens achtet das rhythmische Prinzip“ (siehe Abschnitt 2.3): Rhythmen sind etwas Ursprüngliches, liegen dem körperlichen, seelischen und geistigen Leben zugrunde. Der Mensch ist mit den ihn umgebenden Rhythmen verbunden. Aus rhythmischer Lebensgestaltung kann er Kraft, Lebensfreude und Sicherheit schöpfen.

Das Kind ist in die es umgebenden Rhythmen eingebunden. Der zeitliche Ablauf folgt den „kosmischen“ Rhythmen des Tages, der Wochen, der Monate und Jahreszeiten. Die rhythmische Gestaltung der Tage, Wochen, Monate und Jahre ist eine tragende Säule der Arbeit im Waldorfkindergarten. Dabei spielen Rituale eine wichtige Rolle, die dem Kind wiederkehrende Erlebnisse in Worten, Gesten oder Handlungen ermöglichen. Sie bilden das Gedächtnis, die Willenskräfte und organische Strukturen aus. Rhythmus und Rituale schaffen eine kindgemäße Entwicklungsumgebung für eine phantasievolle und künstlerische Gestaltung des Resonanzraumes Kita (Müller 2020, S. 104).

Religiöse Erziehung/Märchen

> *„Wenn Du intelligente Kinder haben willst,*
> *lies ihnen Märchen vor.*
>
> *Wenn Du noch intelligentere Kinder willst,*
> *lies ihnen noch mehr Märchen vor“*
>
> *(Albert Einstein; woxikon.de/kind/3661)*

Für die Kinderärztin Michaela Glöckler braucht das Kind eine religiöse Qualität in der Erziehung, weil der sich entwickelnde Mensch nicht nur wissenschaftliche und künstlerische Neigungen hat, sondern auch religiöse (Glöckler 2020, S. 106-120). Religion wird als Verbindung mit dem Göttlichen, mit der geistigen Welt gesehen, nach der sich jeder Mensch sehnt.

Zaubermittel Märchen

Besonders die Märchen aus der Frühzeit der Menschheit, lassen die Kinder die Kräfte des Guten und Bösen ahnen, ebenso die Verzauberung und Wandlung. Märchen helfen den Kindern schwierige persönliche Lebenssituationen in Entwicklungschancen zu wandeln und können auch als „therapeutisches Angebot" verstanden werden (Krenz 2020, S. 4).[8] Märchen dürfen nicht in eine „verstaubte Ecke der Pädagogik" gedrängt werden, denn sie thematisieren in bildhafter (symbolischer) Sprache Grundfragen des Lebens und Grundmotive menschlichen Handelns und sind ein fester Bestandteil des Menschseins, denn sie thematisieren zum Beispiel Freude und Trauer, Hoffnung, Eintracht und Zwietracht, Alleinsein und Gemeinschaft, Unsicherheit und Sicherheit, Mut und Mutlosigkeit, Hilfsbereitschaft und Selbstbezogenheit, Not und Wandlung von Nöten. Märchen sind ein unentbehrliches Bildungsgut, sie lösen auftauchende Probleme und vermitteln beim Zuhören ein hohes Maß an Sicherheit. Stets wird am Ende das Gute belohnt und das Böse bestraft.

Ihre Symbolsprache wirkt wie eine Universalsprache der Menschheit, die in allen Kulturen verstanden wird. Diese Sprache wird als bedeutsame Quelle der Weisheit gesehen. Kinder haben ein ursprüngliches Bedürfnis nach dieser Quelle. In der „Märchenwelt" ahnen und erleben sie die Inhalte, die sie nach ihren eigenen fantasiereichen Vorstellungen spielerisch weiter ausgestalten und erschließen. Sie pflegen die „unaussprechliche Weisheit des Herzens" (Speck 2016, S. 35) und erleben Inklusion im menschheitsgeschichtlichen Zusammenhang (Klein 2018a, S. 183).

Im Märchen identifizieren sich die Kinder mit Personen und wünschen sich einen guten Ausgang. Hier greift das Märchen in die seelischen Schichten des Kindes ein, es aktiviert sein inneres Erleben und hält sein Denken und Fühlen in Bewegung. Märchen dürfen nicht zwischen Tür und Angel so nebenbei als Lückenbüßer herhalten, denn die Kinder wollen sich in Ruhe dem Inhalt zuwenden und in Gedanken verweilen. Um diesem Bedürfnis zu entsprechen ist zu beachten:

- „Das Vorlesen soll in einer warmen, kuscheligen, gemütlichen Atmosphäre geschehen (wozu auch ein abgedunkelter Raum beitragen kann).
- Märchen wollen mit einer ruhigen, langsamen Sprache und einer wortgetreuen Wiedergabe vorgelesen werden.

8 Armin Krenz hat in diesem Beitrag den Bedeutungswert von 211 Kinder- und Hausmärchen unter entwicklungspsychologischen und psychoanalytischen Gesichtspunkten analysiert und für die Praxis differenziert und übersichtliche ausgeführt. Auf diesen inhaltsreichen Text weise ich ausdrücklich hin.

- Selbstverständlich können Kinder auch während des Vorlesens Fragen stellen oder Anmerkungen (die allerdings unkommentiert bleiben sollen) vornehmen.
- Nach dem Vorlesen gibt es immer weiterführende Möglichkeiten, um sich fortsetzend mit dem Märchen zu beschäftigen (Gespräche über einzelne Situationen, Umsetzung in Rollenspiele [mit Utensilien], Mal -und Werkaktivitäten, Bewegungs-/Singspiele [abgeleitet aus dem Märchen]...).
- Märchenbücher sollten möglichst keine Bilder beinhalten, um Kinder nicht in ihrer Fantasie einzuschränken und von ihren eigenen Bildvorstelllungen abzulenken.
- Ritualisierte Abläufe sorgen zusätzlich für eine hohe Aufmerksamkeit. So wird das Märchenbuch aus der Schatztruhe geholt, nachdem die Kinder bis zu einer bestimmten Zeit gezählt haben und erst dann wird die Truhe geöffnet. Die Kinder suchen sich nun eine gemütliche Sitz-/Liegeposition aus und werden mit dem ‚Zauberstab' in die Welt der Märchen hineingeführt" (Krenz 2020, S. 11).

Der führende Neurologe Gerald Hüther erkennt die hohe Bedeutung des Märchens für die Entwicklung des Kindes. Er sagt: „Stellen Sie sich vor, es gäbe ein Zaubermittel, das ihr Kind stillsitzen und aufmerksam zuhören lässt, das gleichzeitig seine Fantasie befähigt und seinen Sprachschatz erweitert, das es darüber hinaus auch noch befähigt, sich in andere Menschen hineinzuversetzen und deren Gefühle zu teilen, das gleichzeitig auch noch sein Vertrauen stärkt und es mit Mut und Zuversicht in die Zukunft schauen lässt. Dieses Superdoping für Kindergehirne gibt es. [...] Dieses unbezahlbare Zaubermittel sind die Märchen, die wir unseren Kindern erzählen oder vorlesen" (zit. n. Krenz 2020, S. 7).

Freispiel – die Welt mit allen Sinnen entdecken und erkunden

Im Spiel kann das Kind seine Fantasie schöpferisch entfalten (freies und künstlerisches Spiel mit natürlichen Materialen) und ebenso elementare Tätigkeiten der Erwachsenen nachahmen (Gartenpflege, Backen, Bauen, Handwerken). Alle Arten von maschinell gefertigtem technischem oder elektronischem Spielzeug werden vom Kindergarten ferngehalten, da sie die Fantasietätigkeit und damit zugleich die den Leib und die Sinne des Kindes aufbauenden Lebenskräfte lähmen. Im Freispiel hingegen erobert sich das Kind seine Welt.

Das Kind ist im freien Spiel Gestalter und Schöpfer seiner Welt. Die Kräfte, die im Spiel wirken, „sind verwandt mit den gestaltenden, bildenden Kräften, die im Wachstum und der kindlichen Entwicklung wirksam werden" (Vieser 2020b, S. 28). Mit einfachen und natürlichen Materialien, die im Haus und in der Natur zu finden und handhabbar sind, kann es forschend und fantasievoll umgehen und seinen sich entwickelnden Willen stärken. Es bildet Kreativität und fantasievolles, freies Denken an diesen „alltäglichen naturbelassenen und dadurch freilassenden Materialien aus" (ebd.).

Schon im ersten Spielalter erkundet das kleine Kind das Spielmaterial mit allen Sinnen. Das Material wird betastet und ausprobiert. Seine Eigenschaften und Funktionsweise werden durch das Kind erfahren. So kann es in den Teller etwas hineinlegen und wieder ausleeren. Es lernt den Teller hinzustellen, umzudrehen und hochzuheben und hört dabei die unterschiedlich entstehenden Geräusche. Und in der Waldorfkrippe findet es verschiedene Kletterelemente, die zum Bewegen, Hüpfen und Rutschen einladen. Ebenso findet es Schemel und Bänke, mit denen es Züge und Autos (Busse) bauen kann, in die es hineinschlüpfen und aus denen es herausschauen kann.

Hier „erprobt das Kind sich und die Welt". An diesen einfach gehaltenen Materialien „erlebt es die Sinnhaftigkeit der Zusammenhänge in der Welt. Es kann sie verstehen und lernt sie handhaben" (ebd., S. 29). Wenn das Kind in den Waldorfkindergarten kommt, „erwacht in ihm die Seelenkraft der Fantasie", es lernt aus Vorstellungen heraus spielen: Die Materialien entwickeln ihr Eigenleben und das Kind lässt aus Tischen, Holzständern, Leitern und Brettern dunkle Höhlen, auch mehrstöckige Häuser, Fahrzeuge oder Schiffe entstehen. „Auf einem Hocker entsteht der Herd, Puppenkinder werden auf dem Schemel gewickelt, gefüttert und im Arm gehalten. Kastanien, Eicheln und Bucheckern werden Äpfel, Kartoffel oder Eier [...] (ebd.). Nun kann es seine phantasiereiche Welt schon distanziert betrachten, wenn der gerade vierjährige Hans mit einem farbenprächtigen Tuch bekleidet und einer selbstgemachten Krone stolz verkündet „Ich bin der König und du wirst meine Prinzessin".

Hans ist König

Auch das Aufräumen macht Spaß: Die Materialien sind die unmittelbare Umgebung des Kindes, die ihnen Orientierung und Sicherheit geben. Jedes Material hat seinen Ort, an dem es das Kind wiederfinden kann. „Dies stärkt das kindliche Vertrauen und vermittelt ihm das Gefühl der Geborgenheit" (ebd., S. 31).

Das Kind entfaltet frei aus seinem Ich seine schöpferischen Potenziale: Durch eigenschöpferisches Spielen wächst es in die Welt hinein, lernt sich zu orientieren und zurechtzufinden. Es benötigt eine Umgebung, die ihm Sicherheit zum spontanen und kreativen Handeln und Denken gibt. In diesem Beziehungsraum kann es mit seiner Fantasie täglich neue Welten schaffen. Bei diesem schöpferischen Tun möchte es durch Aufforderungen von Erwachsenen nicht gestört werden. Auch vorgefertigte Spiele und Spiele, die es etwa im Fernsehen erlebt und dann nach-spielt, verengen sein kreatives Spielen-wollen. Es fühlt hier weniger seine Fähigkeiten, nämlich frei und unabhängig seine Probleme zu lösen und den Spielgegenständen ihrer Umgebung einen Sinn zu verleihen. Seine situationsorientierte Variabilität geht nach und nach verloren. Es wurde nachgewiesen, dass Kita-Kinder, die ohne Bildschirm aufwachsen, sich viel besser selbst beschäftigen können als solche, die gelernt haben, wie man seine Langeweile bequem per Knopfdruck ausschaltet. Wenn Kinder nicht bespaßt werden und selbst für ihren Spaß sorgen können, dann entstresst dies das Familienleben (Näheres unter https://www.sozial.de/blikk-studie-2017-uebermaessiger-medienkonsum-gefaehrdet.html).

Kinder schaffen mit ihrer Fantasie täglich ihre neuen Welten. Einfache, natürliche und unterschiedlich verwendbare Spielsachen unterstützen sie und fördern ihre zukünftige Kernkompetenz. Im Gegensatz zur vorgegebenen Geschichte in den Medien regt eine erzählte Geschichte dazu an, sich individuelle Bilder zu machen, die eigene Fantasie anzuregen und mit ihr die Faszination Spiel zu erleben (Weinberger/Lindner 2020). „Das Freispiel sollte uns Erwachsenen heilig sein" (Lisges 2020a, S. 39), denn in dieser „Lebensgrundform Spiel" liegt die Quelle alles Guten: heilende und gesundmachende Kräfte (Klein 2018b, S. 137 ff.). Es erlebt Selbstwirksamkeit, Eigenaktivität, Freiheit, Selbstbestimmtheit und intrinsisch motiviertes Handeln. Hier verbindet es sich mit der Welt, was ein wichtiger Aspekt von Beteiligung und Partizipation ist.

Die Erzieherin kann sich fragen:

- Kann ich das Kind wirklich frei lassen, damit es selbst entscheiden kann, was und womit es spielt?
- Sind die Materialien gut zu erreichen, sind sie so beschaffen, dass sie phantasievoll eingesetzt werden können und den Kindern ein vielseitiges sinnliches Erleben und Gestalten ermöglichen?

- Kann es in der Puppenstube auch mal ein wenig Wasser bekommen, weil es dies für sein Vorhaben unbedingt braucht?
- „Lasse ich es beim Spielen in Ruhe, vermeide ich Kommentare und Einmischungen? (Lisges 2020, S. 39)

Handgestenspiele als Beispiel

Schon der Säugling spielt mit seinen Fingern und Händen, die ihm für das ganze Leben zur Verfügung stehen. „Sie sind ein Wunderwerk der Schöpfung". Was kann mit ihnen und durch sie nicht alles gemacht werden, von Arbeiten im Garten bis zum Nähen und Sticken, von Märchenspielen und Spielen von Kinderversen bis Silbenspiele. Gerade die Silbenspiele sind für Kinder mit Migrationshintergrund von großem Wert, weil sie ihnen den „Einstieg in die jeweilige Landessprache erleichtern: Bum und batsch, wum und watsch und bab und baaa und hier und da und trallallallalah! Und hub und muh – und auf und zu! – Ja!" (Weidenfeld 2020, S. 30). Bei diesem Spiel dominieren Rhythmus und Reim, rhythmisch-musikalisches Gestalten. Zu jedem Klangwort (Silbe) gibt es eine individuelle Arm- und Handbewegung in einem sinnfreien Sprachraum, der das freie Verknüpfen von Vorstellungen mit Bildern verbindet. „Und welche Freude haben alle Kinder, egal aus welchem Sprachraum sie kommen, gerade mit den sinnfreien Spielen: Aus Herzenslust werden sie immer wieder gespielt, schnell, langsam, mit riesigen Bewegungen oder [...] auch mal ganz stumm! Herrlich, wie man sich danach fühlt: Vom Rhythmus durchpulst, vom gegliederten Sprechatmen erfrischt - das gilt für Kinder und Erwachsenen gleichermaßen. Ebenso profitieren Kinder, die es durch besondere Einschränkungen schwer haben, ihre eigene Muttersprache zu erwerben" (ebd. S. 30).

Bei diesen bewegungserfüllten Handgestenspielen lernen die Kinder so nebenbei

- sich zu konzentrieren,
- ihr Gedächtnis zu üben (trainieren),
- ihre Bewegungen zu koordinieren und zu schulen,
- ihre Grob- und Feinmotorik und ihre Sprechmotorik zu üben,

- ihre Sprache anzubahnen und zu fördern,
- ihre veranlagte rhythmisch-musikalischen Fähigkeiten weiter auf- und auszubauen,
- miteinander Freude zu erleben und einander zu achten.

2.9 Die Waldorferzieherin achtet das Gute im Kind

Die Kulturgeschichte legt nahe, dass jedes Menschenkind von Beginn an frei mit dem Herzen sprechen und Gutes tun will. Die Erzieherin hat sich innerlich zu öffnen, um zu tieferen Erkenntnissen des Kindes zu kommen. Sie wird erkennen, dass jedes Kind ein Bedürfnis nach einem rhythmisierten Erziehungsraum hat, in dem es Wandel und Kontinuität erleben und sich mit ihrer Hilfe aus eigener Kraft weiterentwickeln will. Das schafft Freude und Dankbarkeit im Miteinander.

Zur Geschichte der Menschheit

Meine sozialgeschichtlichen Studien führten zur Einsicht, dass Erziehung ursprünglich ein Dienst am Kind war. Diese Praxis in mitmenschlicher Bezogenheit wurde im Laufe der Geschichte zu einem Herrschaftsverhältnis herabgewürdigt. Dienstpädagogik veränderte sich zur Herrschaftspädagogik, zum Beherrschen, zum Machen. Und die Begegnung von Mensch zu Mensch verkümmerte. Gegen diese Herrschaft, die besonders politisch und ökonomisch begründet wurde und schwache Menschen aussortierte, stellte sich die Waldorfpädagogik und half besonders dem schwachen und ausgegrenzten Kind.

Auf diese Hilfe weisen prähistorische Forschungen hin. Ihnen zufolge gab es schon in den vorchristlichen Kulturen verschiedene Formen des Umgangs mit körperbehinderten, blinden, tauben und kranken Menschen. Sie blieben Teil des Ganzen, bekamen Hilfe. Helfen ist ein zentraler Bestandteil jeder Kultur (Menze 2016, S. 26). Das bestätigen Forschungen der Evolutionsbiologie: Helfen ist eine im Menschen veranlagte positive Kraft. Jedes Kind und jeder Erwachsene hat ein ursprüngliches Bedürfnis zu helfen. Er ist zufrieden, wenn er zusammen mit dem Anderen etwas gestalten und bewegen kann (Zimpel 2012, S.

25; Fuchs 2012, Hüther 2020). Historische und neurobiologische Forschungen zeigen, aus welchen geistigen Kräften die Menschen lebten und leben wollen.

Auf dem Weg zu einem freundlichen Zusammenleben

Offenbar ist der Mensch von seiner Evolution an „IM GRUNDE GUT" (Bregman 2020). Davon ist der Niederländer Rutger Bregman, der wohl bekannteste junge Denker Europas, überzeugt. Mit neuen Erkenntnissen vor allem aus Psychologie, Biologie, Neurologie und Geschichte der Archäologie widerlegt er die (vor)herrschende wissenschaftlich begründete Meinung, dass der Mensch von Natur aus böse sei. Bregman zeigt an vielen Beispielen auf, dass die Menschheit sich nicht durch Stärke, Macht und Intelligenz, durch Egoismus, Argwohn und Ärger weiterentwickelte, sondern durch Vertrauen, Offenheit, Zuversicht und Kooperation. Nur ein vertrauensvolles und offenes Miteinander und wohlwollende Zuversicht in die Zukunft führt zu einem friedlichen Zusammenleben. Seine optimistisch-realistische Lebensregel lässt das düstere Menschenbild hinter sich: „Menschen neigen zutiefst zum Guten. Seien Sie realistisch. Outen Sie sich. Folgen Sie Ihrer Natur und schenken Sie Vertrauen. Schämen Sie sich nicht für Ihre Großzügigkeit und tun Sie das Gute bei hellem Tageslicht" (Bregman 2020, S. 43).

Mit freiem Blick das Menschenbild wahrnehmen

Dieser gute und freie Blick gründet auf Vermutungswissen, von dem der Erkenntnistheoretiker Karl Popper (1996) spricht. In gleicher Weise wie Popper vermute ich, dass unser wissenschaftliches und praktisches Bemühen ein Nachdenken über Vermutungen ist, das zu neuem Vermutungswissen führt. Da wir nur vermuten können, müssen wir uns für philosophische und soziale Grundannahmen entscheiden und danach aus unserem Innersten handeln und diese Annahmen auch fortwährend korrigieren und wandeln. Denn wir alle können uns irren. Das Wahrnehmen und Anerkennen dieser Grundtatsache unseres Lebens kann bescheiden machen und glücklich zugleich. Probleme zu lösen, hinter die Erscheinungen zu schauen, die Wirklichkeit suchen und durch weitere persönliche Erfahrungen prüfen, das ist die Aufgabe in Wissenschaft und Praxis – besonders in Zeiten gesellschaftlicher und innermenschlicher Umbrüche, die das Leben zu bedrohen und zu gefährden scheinen.

Davon sprach auch Rudolf Steiner in seiner Erkenntnistheorie.

Steiner und die ersten Waldorferzieherinnen boten gerade in Krisenzeiten den Schwierigkeiten und dem Ärger mit Humor die Stirn, wie es Matthias Schenk in der Zeitschrift „info3. Bewusst leben – Gesellschaft gestalten" beschreibt:

> *„ÄRGER*
>
> *Wenn das Är – des Ärgers auftaucht*
> *erinnere dich an das är – der Zärtlichkeit.*
>
> *Wandle ihn, schließe ihn ein in die Zärtlichkeit*
> *eines freundlichen Gedankens.*
>
> *Es braucht eine Weile der Übung, sich diese Geste willentlich anzugewöhnen. [...] Mir hilft die Enkeltochter: das Lächeln bei unserer morgendlichen Begrüßung"*
>
> *(Schenk 2020, S. 6).*

Geboten ist ein „Herz-Denken"

Schenk schaut auf das Kind und pflegt aus der Beziehung zu ihm eine kreative „Kultur des Herzens" (Meulen 2016, S. 175). Offenbar will der Mensch von Beginn an frei mit dem Herzen sprechen und Gutes tun, das uns die „Kulturgeschichte des Herzens" (Høystad 2006) nahelegt. Doch im Zuge der Entwicklung droht dieses veranlagte schöpferische Denken zu verkümmern. Wie kann der Mensch dem entkommen und schöpferisch das Gute tun? Durch „Herz-Denken" (Neider 2019), das die Arbeit im integrativen Kindergarten Föhrenbühl veranschaulicht (Kapitel 4).

Wie können wir das Herz-Denken verstehen? Ein Blick zurück gibt die Antwort.

Die evolutionäre Forschung, also die Forschung über die Entwicklung des Menschen von Beginn an bis heute erkennt: Die Menschen in der Frühzeit lebten eng verbunden mit der Bewegung und dem Rhythmus in der Natur. Sie nahmen mit ihren Herzen unmittelbar wahr und empfanden ganz hautnah, was um sie und mit ihnen geschah. So entwickelten sie ihr Denken aus ihrem Leben (Mit-Leben, Mit-Freuen und Mit-Leiden) heraus. Sie entwickelten ihr Wahrnehmungsorgan aus ihrem Herzen, das der Medienpädagoge Andreas Neider als Herz-Denken bezeichnet. Hier wird das uns bekannte logische Denken um die geistige oder spirituelle Dimension erweitert und vertieft, das heute die fernöstliche Philosophie pflegt. Das wahrnehmende Herz-Denken ist nicht etwas, das sich einfach einstellt. Davon sprach ganz intuitiv der Flieger und märchenhafte Erzähler Antoine de Saint-Exypéry, der seine Dichtkunst als Dienst am Menschen verstand und Kinder wie Erwachsene gleichermaßen anspricht: In dem folgenden, berühmt gewordenen Ausschnitt schildert er die Begegnung des kleinen Prinzen mit dem Fuchs, die mit folgendem Gespräch schließt:

„Und er kam zum Fuchs zurück.

‚Adieu', sagte er.

‚Adieu', sagte der Fuchs. ‚Hier mein Geheimnis. Es ist ganz einfach: Man sieht nur mit dem Herzen gut.
Das Wesentliche ist für die Augen unsichtbar.'

‚Das Wesentliche ist für die Augen unsichtbar', wiederholte der kleine Prinz, um es sich zu merken.

‚Die Zeit, die du für deine Rose verloren hast, sie macht deine Rose so wichtig.'

‚Die Zeit, die ich für meine Rose verloren habe' [...], sagte der kleine Prinz, um es sich zu merken.
Und er warf sich ins Gras und weinte.

‚Die Menschen haben diese Wahrheit vergessen', sagte der Fuchs.
‚Aber du darfst sie nicht vergessen.
Du bist zeitlebens für das verantwortlich, was du dir vertraut gemacht hast. Du bist für deine Rose verantwortlich [...].

‚Ich bin für meine Rose verantwortlich' [...] wiederholte der kleine Prinz, um es sich zu merken."

(Saint-Exypéry 2001, S. 72 f.; siehe Klein 2019, S. 48)

Diese Dichtkunst reicht ins Geistige hinein, das Otto Speck als „spirituelles Bewusstsein" bezeichnet. Er erkennt das Herz als geistigen Wesenskern des Menschen, das „schon immer als Sitz der Liebe gilt" (Speck 2016, S. 34). Speck spricht vom Befreien aus der entfremdeten Lebenswelt durch Einlassen auf eine „spirituelle Metamorphose", bei der die Kunst als Schöpfung eine meditative, intuitive und inspirierende Erkenntnispraxis ermöglicht, die einen biologischen Ursprung hat und auf das Verwirklichen von „Menschlichkeit als einer geistigen oder spirituellen Fähigkeit ausgerichtet ist. [...] Alle natürliche Motivation sei darauf gerichtet „zwischenmenschliche Anerkennung, Wertschätzung, Zuwendung oder Zuneigung zu finden und zu geben" (Bauer, zit. n. Speck 2016, S. 260).

Speck erläuterte in seinem Schreiben am 28.05.2015 dieses Handlungs- und Erkenntnisparadigma: „Unter dem Aspekt eines Epochenumbruchs lässt sich unter Spiritualität eine reale, innere und menschlich zentrale Dimension verstehen, die angesichts der dominanten Außenorientierung, Versachlichung und Ökonomisierung des Lebens heute zunehmend an Bedeutung gewinnt, nachdem sie durch den Fortschritt des einseitig Rationalen und Technologischen seit Jahrzehnten verdrängt worden ist. Gerade Menschen mit Behinderungen, die sich gegenüber dem allgemeinen Druck steigender Leistungsanforderungen und kalter Rivalität und Selbstdurchsetzung zu behaupten haben, müssen sich stärker auf ihr inneres Leben beziehen und in ihm selbst spirituellen Halt aufbauen. Dies bedeutet, das eigene Ich zu transzendieren in einen Sinnhorizont hinein, der die Maßstäbe des Physischen und Materiellen überschreitet und in die übergreifende Wirklichkeit eines all-einenden Ganzen hineinreicht. Man kann in ihm gegenüber dem kalten physischen Universum ein wärmendes Licht sehen, das ins einzelne reale Leben und in diese Welt der Unzulänglichkeiten hinein strahlt, Stabilität, Hoffnung und Trost geben kann, innerlich beglückt und letztlich über den Tod hinausweist in eine Wirklichkeit, in der der Mensch seinen Ursprung und seine Heimat erkennen kann. Wollte man ein metaphorisches Organ für dieses spirituelle Vermögen benennen, so wäre es das „Herz" – verstanden vor allem als Gegengewicht zur einseitig rationalen Funktion des „Kopfes".
Das Herz gilt über alle Zeiten, Kulturen und Religionen hinweg als der spirituelle Wesenskern des Menschen. Es spiegelt und formt das spirituelle Erleben, wenn auch auf eine übersinnliche und unerklärliche Weise."

Das Gute im Kind erkennen

Durch Herz-Denken lernt die Waldorferzieherin das ursprünglich in jedem Kind veranlagte Gute aus der Tiefe seiner Person erkennen. Das Kind ist von Natur aus neugierig und will etwas lernen. Es sieht frei mit dem Herzen, wagt sich als kleiner Forscher über Grenzen hinaus, kann Erfolg und Freude haben, sich über den Misserfolg ärgern und in einem neuen Anlauf seine Freude, sein Glück über die neu gestaltete Situation erleben und sich weiterentwickeln. Das wird die Erzieherin so sehen und dem Kind in schwierigen Situationen so beistehen, dass es sie um Hilfe bitten kann. Wie ist das gemeint? Darauf antworte ich mit der Ärztin und Reformpädagogin Maria Montessori.

Am Geist des Kindes orientieren

Montessori hat das Kind bei seiner Tätigkeit sorgfältig beobachtet. Sie erkannte: Das Kind will sich als Akteur der eigenen Entwicklung die Welt nach seinem inneren Bauplan aneignen. Der im Kind angelegte Plan ist göttlichen Ursprungs.

Montessori hat ihre Beobachtungen mit ihrem christlichen Menschenbild gedeutet. Ihr Denken ist einerseits empirisch (auf die Wirklichkeit bezogen) und andererseits spekulativ (auf eine Idee bezogen). Die nach dem inneren Bauplan sich ausdifferenzierende Eigenaktivität des Kindes kann durch

- Konzentrationsschwäche,
- fehlende Motivation,
- Interessenarmut,
- schnelles Ermüden und
- mangelnde Aufmerksamkeit beeinträchtigt sein.

Die Ursachen der Beeinträchtigung können vor allem darin liegen, dass die bisherige Erziehung die natürlichen Organisationsprozesse des kindlichen Geistes nicht beachtet hat. Eine Erziehung, die sich nicht am kindlichen Geist orientiert, führt in eine deviante (abweichende) Entwicklung. Deshalb hat Maria Montessori eine Wissenschaft vom menschlichen Geist ausgearbeitet, die das Kind in seiner Würde achtet und nach seinem inneren Bauplan begleitet.

„Hilf mir, es selbst zu tun!“

Die Erzieherin kann nicht Schöpferin des Kindes sein. Einmal bat ein Kind Maria Montessori: „Hilf mir, es selbst zu tun!“ Diese Bitte bringt die Montessoripädagogik auf den Punkt. Das Kind kommt zur Erzieherin aus freiem Entschluss. Es hat Vertrauen zu ihr und bittet sie um Hilfe – jedoch nur so lange, bis es (wieder) selbst weitermachen (arbeiten, spielen, lernen) kann.

Hier entspricht die Montessoripädagogik in gleicher Weise wie die Fröbelpädagogik dem Sinnkriterium der Erziehung: Die Erzieherin leistet notwendige Lernhilfe so lange, bis sich das Kind wieder selbsttätig die Gegenstände (Inhalte) aneignen kann. Diese Hilfe ist nach dem Pädagogen Werner Loch das Sinnkriterium der Erziehung: Dem Kind so lange helfen und beistehen, bis es sich wieder selbst führen und sein Lernen in die Hand nehmen kann (Klein 2019, S. 144).

Das Sinn- oder Emanzipationskriterium der Erziehung ist für jede Lernhilfe maßgebend. Es unterscheidet diese Hilfe von Lernhilfen anderer Art (Dressur, Werbung, Propaganda, Indoktrination, Gehirnwäsche), deren Absicht nicht darin besteht, den Menschen zum selbstständigen und emanzipatorischen Handeln zu befähigen.

Bei der Emanzipation (emancipatio, lateinisch) geht es um Entlassung aus der Bevormundung und den rechten Gebrauch der inneren Freiheit, damit sich „Frieden zwischen Menschen und Kulturen“ entwickeln kann (Montessori zit. n. Klein 2019, S. 151).

Spielerische Aneignung von Normen und Werten

Stets steht das Kind im Mittelpunkt – und nicht der zu vermittelnde oder anzueignende Stoff (Inhalt). Erst kommt das Kind, das der Erzieherin aufgegeben ist. Dann kommt die Frage nach dem Inhalt, der vom Willen, von der Neugierde und von Interesse des Kindes ausgeht und sich der methodischen Frage stellt: Wie kann ich den Stoff so vermitteln, dass ihn das Kind spielerisch aneignen und einverleiben will?

Bei dieser Aneignung der Inhalte ist zu beachten, dass sich das Kind Gesetze der Natur und Kultur einverleibt. Diese Gesetze kann das Kind im Spiel ahnen, nachahmen und üben. Durch diese Selbsttätigkeit eignet es sich ganz unmittelbar und wie selbstverständlich diese

Gesetze an. Es wird hier zum respektvollen Umgang mit der Natur (Garten, Blumen- und Tierpflege) angeleitet, denn es muss sich an Regeln orientieren, die sein Verhalten – zum Beispiel bei der Blumenpflege – ordnen, disziplinieren und sensibilisieren.

Im Spiel vollzieht sich die Aneignung von sinnvollen Handlungen aus eigener Kraft. Werte und Normen, an denen es sich orientieren kann, eignet sich das Kind wie von selbst an – ohne Belehrung und Ermahnung mit erhobenem Zeigefinger. Nicht Herrschaft oder gar Willkür des Stärkeren dominieren hier, sondern die Gesetze der Natur sowie die sozialen (Spiel)Regeln.

Hier scheint eine feinfühlende pädagogische Haltung auf, die dem Kind hilft, sich in seinem Wollen und Können weiterzuentwickeln. Erwachsene können ohne selbstbezogenen Eigennutz mit dem Herzen das Kind wahrnehmen und das Gute – auch im Schlechten – erkennen und darauf ihr Denken und Handeln weiter aus- und aufbauen. Diese Beziehungskultur ist in der Erziehungsarbeit, im Team-Dialog und darüber hinaus im tagtäglichen Umgang mit Menschen mit der „Trotzmacht des Geistes" (Frankl 2009, S.108) zu pflegen.

Diese Haltung ermöglicht dem Erwachsenen den heute notwendigen Bewusstseinswandel mit-zu-gestalten, seine menschlichen Potenziale (Kräfte) weiter zu pflegen und im Herzen jung zu bleiben oder wieder jung zu werden! Hier ereignet sich die Kunst des freien Menschen. Diese Kunst ist ein Axiom, also ein Grundsatz, der nicht bewiesen werden kann, weil er ins Geistige hineinreicht und wir dem Sozialphilosophen, Aktionskünstler und kreativer Mitgestalter der Gesellschaft Joseph Beuys verdanken:

> *„Jeder freie Mensch ist kreativ.*
>
> *Da Kreativität einen Künstler ausmacht, folgt:*
>
> *Nur wer Künstler ist, ist Mensch.*
>
> *Jeder Mensch ist Künstler."*
>
> *(zit. n. Neider 2019, S. 18)*

Bei diesem empathischen künstlerischen Gestalten wird das Erfahrene mit eigenen Worten beschrieben.

Die Begriffe bleiben auf das Leben bezogen und ermöglichen der Erzieherin ein ganzheitliches situationsorientiertes Handeln, bei dem sie darauf achtet, dass

ihr Sein ist das erste Wirkende,
ihr Handeln steht an zweiter Stelle und
zuletzt kommt erst das, was sie redet.

(Klein 2018, S. 112)

Sich vom Kind führen lassen

Diese feinfühlende Haltung und künstlerische Gestalten pflegten die Heilpädagoginnen und Heilpädagogen des 20. Jahrhunderts (Buchka/Grimm/Klein 2002). Die ersten Professionellen legten ihr Interesse an benachteiligten und ausgegrenzten Menschen dar, die in ihnen Kräfte der Liebe wachriefen. Sie trotzten den Widerständen, erlebten Konflikte und Widersprüche immer tiefer – und gaben nicht auf. Im Gegenteil. Durch ihre feinfühlende Haltung und ihr einfühlendes pädagogisches Handeln wuchsen ihnen ungeahnte Kräfte zu, die nicht von den gegebenen Bedingungen bestimmt waren, sondern von sinnerfüllten Entscheidungen, die sie trafen.

Auf dieser Spur bewegt sich Albert Schweitzers Erkenntnis der „Ehrfurcht vor dem Leben", das im Lebenswerk des Arztes, Pädagogen und Schriftstellers Janusz Korczak als „therapeutische Erziehung" (Neuhäuser/Klein 2019) konkret wird. Für die Werke von Albert Schweitzer und Janusz Korczak und ebenso für das von einem Kinderarzt und Heilpädagogen geschriebene Werk „Therapeutische Erziehung" trifft Tätig-sein ganz im Sinne des griechischen Wortes ‚therapeuein' zu: Es bedeutet, für das Kind mit einer helfenden und dienenden Haltung da-sein und wirken, das mit den Worten eines unbekannten Autors so beschrieben wird:

„Nimm ein Kind an die Hand und lass dich von ihm führen.

Betrachte die Steine, die es aufhebt, und höre zu,
was es dir erzählt.

Zur Belohnung zeigt es dir die Welt,
die du längst vergessen hast."

(zit. n. Klein 2018a, S. 5)

2.10 Impulse für die Erziehung heute

2.10.1 Der Eile und Beschleunigung die Stirn bieten

Bei der Erziehungsarbeit im Waldorfkindergarten Föhrenbühl (Kapitel 4) nehme ich ein Hinwenden zum Menschen in seinen tieferen Schichten wahr. Die Erzieherin antwortet durch ihr Denken und Handeln dem Zeitphänomen der Beschleunigung. Dieses Veloziferische (eine Wortschöpfung Goethes: aus dem Lateinischen velocitas = Eile und dem Italienischen velozifero = Eilwagen oder Eilpost) wurde bereits von Goethe als Stigma seiner Zeit wahrgenommen; es zeigt sich in seinen gesteigerten Auswirkungen als Stigma unserer Gegenwart (Osten 2007).

In der verwertungsorientierten Wissensgesellschaft dominieren Beschleunigung, Unruhe und Ungeduld. Die Antizipation des Schnellen und des Mehr führt zu einer wechselseitigen Steigerung der Beschleunigung durch ein Mehr-Haben: Wer mehr hat, will noch mehr und wer noch mehr hat vermehrt sein Mehr-Haben. Diese Dialektik beschrieb Karl Marx als die Systematik des kapitalistischen Wirtschaftslebens, sie begegnet uns in der modernen Forderungs- und Anspruchsgesellschaft und behindert die Entwicklung und Bildung des Menschen. Goethe spricht deshalb vom langsamen Gebären der Gedanken aus dem Gegenstand selbst, das er als das reifste Denken bezeichnet. Gegenstände erregen die Vorstellungen, führen zu den Uranfängen und drängen zum Finden des Elementaren (Näheres in Abschnitt 2.5.1).

2.10.2 Haltungskompetenzen lernen

Hilke Osika, Waldorfpädagogin und Musiktherapeutin in Schweden, Mutter von fünf Kindern, von denen drei Autismus haben, erkennt aus ihren Erfahrungen heraus folgende Haltungskompetenzen:

Geduld – selbstlose Liebe – Dankbarkeit – Ehrfurcht – Demut – Zutrauen – Interesse.

Diese Kompetenzen erlernt Osika mit Hilfe von Übungen die Rudolf Steiner entwickelt und in Schweden „Grundlegende Übungen“ heißen.

Es sind Übungen im meditativen Denken, die heute auch gegen das Phänomen der Beschleunigung angeboten werden:

- **Klares Denken üben:** Gedanken steuern und nicht wild assoziieren; gut überschaubare Gedanken in den Mittelpunkt der Aufmerksamkeit stellen; nicht nach einem Schema, sondern aus dem Augenblick heraus Gedanken logisch entwickeln.
- **Willensübungen:** kleine Handlungen planen und regelmäßig nach dem individuellen Rhythmus üben.
- **Übungen des Gleichmuts:** „Wenn Angst oder Entzücken oder Wut mit einem durchzugehen drohen, versucht man, sich nur für einen Augenblick zu vergegenwärtigen, wie es ist, wenn man gefühlsmäßig ganz im Gleichgewicht ist [...]. Mit der Zeit kann man bemerken, dass man die Herrschaft über seine Gefühle nicht mehr verliert. Und das Gefühlsleben wird dadurch nicht ärmer, sondern reicher, nuancierter" (Osika 2008, S. 25).
- **Positivitätsübungen:** Etwas Positives auch in dem finden, was hässlich, abscheulich oder entsetzlich ist. Sich des Negativen einer Sache voll bewusst zu bleiben und doch, „darüber hinaus, zu versuchen, etwas Positives herauszufinden" (Osika 2008, S. 26).
- **Übung der Vorurteilslosigkeit:** Für neue Erfahrungen offen sein. „Wenigstens für einen Augenblick lang eine Hintertür offen zu halten, dafür, dass etwas ganz Unmögliches doch möglich sein könnte. Eine solche Haltung ist doch eigentlich die Voraussetzung für wahre Wissenschaft!" (Osika 2008, S. 27).

Rudolf Steiners Menschenkunde hat Goethes Ruhe, Besinnung und Langsamkeit entdeckt und Hilke Osika pflegt bewusst ein ruhiges und besonnenes Denken. Osikas Erziehungskunst geht es um gemeinsame Daseinsgestaltung von Anfang an im Geist der Liebe, den der russisch-jüdisch Künstler und Dichter Marc Chagall pflegte.

Marc Chagall blieb lebenslang seinem Credo treu:

„Trotz der Schwierigkeiten in unserer Welt
habe ich die Liebe,
in der ich erzogen wurde,
in meinem Inneren nie aufgegeben,
so wenig wie die Hoffnung des Menschen in der Liebe.
In unserem Leben gibt es wie auf der Palette
eines Malers nur eine einzige Farbe,
die dem Leben und der Kunst Sinn verleiht,
die Farbe der Liebe."
(zit. n. Baal-Teshuva 2008, S. 10)

2.10.3 Mit der Farbe der Liebe dem Leib des Kindes von Anfang an Gutes tun

Alles, was ein kleines Kind am Anfang seines Lebens wahrnimmt, möchte es in Tätigkeiten umsetzen. Seine unermüdlichen Aktivitäten kennzeichnen die schöpferischste Lebensperiode überhaupt. Solange es wach ist, gibt es keinen Moment, in dem es nicht etwas tut. Es übt wie selbstverständlich seine Kompetenzen des Handelns und Wahrnehmens, des Denkens, Fühlens und Wollens ein, auf die sein späteres Leben aufbaut. Mit immer wieder neuen und schier unerschöpflichen künstlerischen Aktivitäten und Übungen tut es seinem Leib Gutes – ganz im Sinne von Theresia von Ávila:

> *„Tu dem Leib des Menschen Gutes,*
>
> *„damit die Seele Lust hat,*
>
> *darin zu wohnen".*
>
> *(Theresia von Ávila; zit. n. Auclair 1953, S. 9)*

In diesen Worten drückt sich eine Menschheitsweisheit aus, die für die frühpädagogische Arbeit höchst bedeutsam ist: Ermöglichen wir dem Menschen von Beginn an sich Gutes zu tun, dann bewegt er seine Seele und bekommt Lust und Freude in seinem Leib zu wohnen. Darauf macht ganz entschieden Janusz Korczak aufmerksam, der tief in die Seele seiner Waisenkinder geschaut hat und in hohem Maße fähig war sich in die Kinder hineinzuversetzen, zu ihren „Gefühlen emporzusteigen" und wie sie zu fühlen. Mit dieser empathischen Haltung erkennt Korczak: Wenn wir dem Kind mit Achtung und mit Demut begegnen, dann tun wir seinem Leib Gutes und wir begleiten und schützen seine Individualität.

In diesem Schutz gebenden Sozialraum kann das Kind seine Selbstwirksamkeit erproben und seine Potenziale (Ressourcen) entwickeln. Da dem sehr kleinen Kind aber noch die Lebenserfahrungen fehlen, ist es auf ein verlässliches und kontinuierliches Du angewiesen, das ihm die Welt nahe bringt und aus der Begegnung auf gleicher Augenhöhe heraus deutet. In der Begegnung mit der Welt erwachen Staunen, Fragen, Trauer und Freude, Erfolge und Misserfolge.

Die Erzieherin schwingt mit dem Kind mit und antwortet so auf sein Resonanzbedürfnis. Ihre Resonanzfähigkeit zeigt sich im einfühlenden Erleben des Kindes und führt zum inneren Reichtum – unabhängig von den äußeren Umständen.

(Klein 2020b, S. 186; Rosa 2016, S. 211 f.)

Kapitel 3: Menschenkundliche Aspekte der Entwicklung und Grundqualitäten der Praxis

Die differenziert dargestellten Grundlagen der anthroposophischen Menschenkunde weisen darauf hin, dass sich das Kind in den ersten Lebensjahren durch nachahmendes Tätigsein mit seinen Sinnen aus dem Ich heraus entwickelt, sich wandelnd in der Welt steht und diese mitgestaltet. Die Waldorferzieherin hat für das Kind wie ein Reflektor zu sein und ihm eine (Lern)Umgebung zu schaffen, in der es sein Ich aus sich heraus gestalten kann. Es bildet seine inneren Ordnungsstrukturen aus und seine Individualität entwickelt sich aus der Begegnung von Ich zu Ich, die an Praxisbeispielen und vor allem im Kapitel 4 veranschaulicht wird.

3.1 Zur anthroposophischen Menschenkunde

Das Ich des Menschen

Nach anthroposophischem Verständnis kann das Ich als geistiges Zentrum des Menschen nicht beeinträchtigt sein oder erkranken. Das Ich wird aber durch Störungen im Leiblichen daran gehindert, sich seines Leibes ganz zu bedienen. Daraus ergibt sich die Aufgabe

- die Ursachen einer Störung zu erfassen und
- durch ärztliche, therapeutische und pädagogische Maßnahmen zu beeinflussen.

Ein weiterer Gedanke hängt mit Reinkarnation (Wiedergeburt der Seele) und Karma (wiederholtes Erdenleben und Schicksal) zusammen. Nach dieser Lehre lebt der Mensch nicht nur einmal, sondern sein Ich verkörpert sich – mit dem Ziel der geistigen Vervollkommnung – immer wieder von Neuem. Die Verkörperungen folgen einer karmischen Gesetzmäßigkeit, die nicht zu eng im Sinne von „Schuld und Sühne" auszulegen sind. (Klein 2019, S. 171 ff.).

Der dreigliedrige Mensch

Die anthroposophische Menschenkunde spricht vom dreigliedrigen Menschen als einem

- denkenden,
- fühlenden und
- wollenden (handelnden) Wesen.

Diese drei Fähigkeiten (Kompetenzen) korrespondieren mit leiblichen Systemen: mit dem

- Nerven-Sinnes-System (Denken, Kopf),
- rhythmischen System (Fühlen, Herz) und
- Stoffwechsel-Gliedmaßen-System (Wollen, Handeln/Körperfunktionen).

Starke Einseitigkeiten im Nerven-Sinnes- oder im Stoffwechsel-Gliedmaßen-System, die nicht mehr von den harmonischen Kräften des rhythmischen Systems ausgeglichen werden können, führen zu einer Störung. Die miteinander verbundenen Systeme geraten aus dem Gleichgewicht.

Die Sinnesorganisation

Weitere Gesichtspunkte ergeben sich aus Steiners Sinneslehre. Steiner erweiterte die Zahl der menschlichen Sinne auf zwölf Modalitäten, die einander ergänzen und sich in drei basale Erfahrungsfelder für die Arbeit in Waldorfkrippe und Waldorfkindergarten gliedern lassen:

1. **Untere Sinne** (Tastsinn, Lebenssinn, Eigenbewegungssinn, Gleichgewichtssinn): Der Tastsinn vermittelt innerleibliche Erfahrungen mit dem außerleiblich Materiellen wie Wolle, Holz oder Tannenzapfen, Holz oder Ton; Lebenssinn nimmt das leibliche Befinden wahr; der Eigenbewegungssinn (oder Muskelspannungssinn) ermöglicht das Erleben des Tonus im eigenen Leib: Spannung, Lockerung, Krampf, Schlaffheit, Vibration; der Gleichgewichtssinn dient dem Wahrnehmen der Raumlageverhältnisse.

2. **Mittlere Sinne** (Geruchssinn, Geschmackssinn, Sehsinn, Wärmesinn): Der Geruchssinn ermöglicht das Wahrnehmen alles Riechenden, der Geschmackssinn das Wahrnehmen alles Schmeckenden, der Sehsinn das Wahrnehmen von Licht und Farben und der Wärmesinn das Wahrnehmen von Wärme und Kälte.

3. **Obere Sinne** (Hörsinn, Laut- oder Wortsinn, Denksinn, Ichsinn): Der Hörsinn dient dem Wahrnehmen von Tönen, Klängen und Geräuschen; der Laut- oder Wortsinn, dem Erfassen sprachlicher Qualitäten: Konsonant, Vokal, Kürze, Dehnung, stimmhaft, stimmlos, Silbe, Wort; der Denksinn ist für das Aufnehmen und Verarbeiten von Gedanken zuständig, auch unabhängig von sinnlichen Gegenständen und Vorgängen oder von Erinnerungen; der Ichsinn ermöglicht das bewusste Erfassen des anderen Menschen als denkendes Wesen.

Zusammenfassung

- Die unteren Sinne, auch Leibessinne genannt, vermitteln – unter Mitwirkung des Willens – Erlebnisse, die unmittelbar den eigenen Leib betreffen.
- Über die mittleren Sinne, an deren Tätigkeit die Gefühle stark beteiligt sind, erfährt der Mensch seine Umgebung.
- Durch die oberen Sinne, die eng mit dem Denken verknüpft sind, erschließt sich der Mensch den Weg in geistige Bereiche.

3.2 Zur Entwicklung des Kindes in den ersten sieben Jahren

3.2.1 Allgemeine Gesichtspunkte

Nach Rudolf Steiners Menschenkunde entwickelt sich der Mensch von Beginn an aus dem Ich heraus. Das Ich mit seinem von Geburt an gegebenem Leib steht aktiv sich wandelnd in der Welt, indem es diese mitgestaltet. Die Entwicklung geschieht idealtypisch in der rhythmischen Folge von 7 Jahren („Jahrsiebten"). Steiner griff für seine Phasenlehre die griechische Einteilung in 7-Jahres-Rhythmen auf, die eine biologische Komponente hat.

- Die 1. Phase reicht von der Geburt bis zum Zahnwechsel,
- die 2. vom Zahnwechsel bis zur Pubertät und
- die 3. von der Pubertät bis zur Mündigkeit.

War das Kind vor der Geburt von der schützenden Mutterhülle umgeben, von ihr versorgt und von der äußeren Welt getrennt, so tritt mit der Geburt der nun reife Leib in Beziehung zur Außenwelt. Was zuvor die Mutter für die leibliche Entwicklung des Kindes war, das leisten nun die Kräfte der Umgebung. Das Kind öffnet sich ihr mit seinen Sinnesorganen und gestaltet mit ihnen seine Welt.

Steiner bezeichnet die frühkindliche Entwicklung der Verkörperung des Ich als Leibesorganisation, die auf der Basis der Nachahmung erfolgt.

3.2.2 Nachahmende Tätigkeit

Das Kind ist in den ersten Jahren ganz Sinnesorgan. Es ist mit seinen Sinnen hingegeben an das, was in seiner Umgebung geschieht. Indem es das Geschehen seiner Umgebung nachbildet, richtet es sich auf, lernt das Gehen und bringt sich ins Gleichgewicht mit der umgebenden Welt.

Die nachahmenden Tätigkeiten sind kein passives Nachmachen dessen, was dem Kinde vorgelebt wird. Sie sind vielmehr ein aktives

Ergreifen des Leibes durch das Ich. Wenn das Kind in den ersten sieben Lebensjahren in den Bewegungen seiner Gliedmaßen seinen Leib ergreift und handelnd sich mit der Welt verbindet, dann legt es den Grund für die Ausbildung seines Willens und festigt sein Ich im Leib.

Dabei ist die Gestaltung der Umgebung (Lernumgebung) ein entscheidendes Element für seine Ich-Entwicklung. Bedeutsam ist, wie Eltern und Erzieherinnen auf das Kind einwirken, also das methodische Handeln.

Biologische Forschungen konnten zeigen, dass jedes Kind bereits von Geburt an über genetisch eingewurzelte Strukturen verfügt, die es zum Aneignen der Welt befähigen. Kinder sind also von Geburt an fähig, sich im Spiel die Welt in grundlegender und weitreichender Weise anzueignen (einzuverleiben). Bei dieser aneignenden Tätigkeit benötigen die Kinder eine fein- und einfühlende entwicklungsgerechte Hilfe (Hüther/Quarch 2018), die der Kinderarzt und Gesundheitserzieher Till Reckert auf den Punkt bringt: „Umgeben Sie es (das Kind; F.K.) also mit Gutem, Schönem und Echtem. Und mit dem, was es am liebsten sieht; mit ihrem ausdrucksstarken, mitfühlenden Gesicht. Dabei geht Ihr eigenes Herz auf; gehen Sie davon aus, dass es ihrem Baby genauso geht“ (Reckert 2020, S. 30). Mit dieser achtsamen und wertschätzenden Haltung wird seinem Resonanzbedürfnis entsprochen.

3.2.3 Dem Resonanzbedürfnis des Kindes antworten

Einführung

Der viel diskutierte deutsche Soziologe und Sozialphilosoph Hartmut Rosa erkennt, dass heute die Sinnressource zunehmend austrocknet und Menschen in eine Sinnkrise führen kann. Erwachsene und Kinder erfahren aber ihr Leben dann als sinnvoll, wenn sie sich mit der Welt und besonders mit anderen Menschen, mit ihrer Arbeit und ihrer Umgebung verbunden fühlen und in diesem Resonanzraum danach handeln. Anders gesagt: wenn sie Resonanz erleben und die Welt zu ihnen spricht.

Rosa wendet sich dem unverfügbaren zwischenmenschlichem Raum zu. Er sieht in dem Begriff Resonanz eine Möglichkeit, zu dem Innenleben des Kindes zu finden, mit ihm ein In-Beziehung-Treten von Ich zu Ich zu pflegen durch wechselseitiges Berührtwerden für ein gutes Leben des Kindes wie des Erwachsenen zu sorgen. Gelingt dies nicht, dann beginnt eine Entfremdung.

Für das Kind wie ein Reflektor wirken

Versuchen wir die Entwicklung eines Kindes auf der Grundlage der mir bekannten Erkenntnisse aus den Humanwissenschaften auf den Punkt zu bringen, dann können wir sagen: Jedes Kind wächst von Beginn an in die sozialen Regeln seiner Mitwelt hinein, lernt diese immer besser zu verstehen und einzuhalten, ebenso gestaltet es diese aus eigener Initiative mit, sofern seinem Bedürfnis nach Resonanz, nach einfühlender Antwort, nach Anerkennung und Achtung seiner individuellen Entwicklung entsprochen wird. Hier gestaltet es im sozialen Miteinander seine Entwicklung und die Entwicklung seiner Mitwelt mit.

Die Erzieherin hat also dafür zu sorgen, dass sich das Kind nach seinem Bedürfnis an diesem wechselseitigen Geschehen mit beteiligen kann. Sie wird über ihre Erfahrungen nachdenken und sich bemühen, ihre Praxis weiterzuentwickeln und zu verbessern. Sie wird für das Kind, das in der Spiel- und Lernsituation bei einer schwierigen Aufgabe eine Lösung sucht, wie ein Reflektor oder Spiegel wirken und ihm so mit einfühlender Haltung sein ganz persönliches neugieriges, entdeckendes und forschendes Lernen ermöglichen – ohne Überredung, Besserwissen oder gar Zwang.

Dem Kind die Lösung zutrauen

Die Erzieherin traut dem Kind die Lösung des Problems beim Spielen, Lernen und Arbeiten zu. Es kann dann mit seiner Willenskraft seinen Weg finden – auch durch Versuch und Irrtum. In diesem einladenden Raum entwickelt es seine Fantasie und Neugierde. Sein Handlungsspielraum wächst und es kann auch dem Schweren die Stirn bieten.

Die Erzieherin handelt hier so, dass die Möglichkeiten des kindlichen Handelns wachsen, seine Fähigkeiten und Talente sich (aus)bilden und ausformen und es auch die Verantwortung für sein Handeln übernehmen kann. Hier werden die Handlungen des Kindes nicht festgelegt. Es kann sein Handeln frei entfalten und erweitern.

Disposition zur Resonanz bestimmt die Grundhaltung der Erzieherin

Die Erzieherin geht nicht von einer vorgegebenen abstrakten Theorie aus. Sie entwickelt vielmehr ihr Handeln aus dem wahrgenommenen Bedürfnis des Kindes in der Beziehungssituation. Diese Resonanz kann keiner für sich allein haben. Sie ereignet sich vielmehr im Zwischenraum: Die Erzieherin schwingt mit dem Kind mit und antwortet so auf sein Resonanzbedürfnis. Ihre Resonanzfähigkeit zeigt sich im einfühlenden Erleben des Kindes und führt zum inneren Reichtum – unabhängig von den äußeren Umständen. Ihre Grundhaltung ist von einer Disposition zur Resonanz bestimmt.

Resonanzboden zwischen Ich und Welt verbessern

Rosa veranschaulicht die Resonanzphänomene mit dem Bild zweier Stimmgabeln, die sich wechselseitig in Schwingung versetzen. Schlägt man eine Stimmgabel an und hält man eine zweite auf den Körper, dann schwingen beide bei positiven Bedingungen, eben auch die nicht-angeschlagene Stimmgabel (Rosa 2016, S. 211 f.). Dies ermöglicht den Resonanzboden zwischen Ich und Welt zu verbessern.

Die Atmosphäre des Wohlwollens und der gegenseitigen Akzeptanz kann niemals einseitig sein, denn Resonanz ereignet sich zwischen dem Ich des Kindes und dem Ich der Erzieherin. Rosa beschreibt diese Beziehungs- und Lernvorgänge mit dem Hören und Antworten: „Hören auf eine Sache und dann antworten in einer Weise, wie es eben nicht in einem Managementbuch oder in einem Kompetenzbuch zu lesen ist, sondern wie es situationsadäquat und interaktionsadäquat sein muss" (Rosa 2019, S. 19). Dieser Atmosphäre des Wohlwollens begegnen wir im Waldorfkindergarten.

Beispiel: Kochen und Backen[9]

Einmal in der Woche kochen oder backen wir, wobei wieder das sprachlich-rhythmische Begleiten der Tätigkeiten eine große Rolle spielt. Ebenso wichtig ist eine gut vorbereitete Arbeitssituation. Die Kinder sollen durch die vorbereitete Situation in die gewünschte

9 Gabriele Scholz vielen Dank für den Text.

Handlungsweise kommen, das heißt die bereitgelegten Schürzen, die gerichteten Zutaten, die bereitgestellten Gerätschaften sagen in sich aus, um was es geht, wie was getan werden will.

Miteinander Teig kneten

Im Erleben und Tun sinnvoller Handlungsabläufe begründet sich das spätere Erfassen von Ursache und Wirkung, von sinngemäßen Zusammenhängen im Denken. Die gut geplante Vorbereitung und genau bedachte Abfolge tragen in sich die richtige Richtung und sinnvolle Handlung der uns nachahmenden Kinder. Auch die dadurch vorhandene Ruhe der Handlung ist sehr wichtig, um sich jedem Teil des Handlungsablaufs in Liebe und Freude zuwenden zu können.

Wie viel wird da entdeckt, zum Beispiel beim Gemüse waschen und schneiden. Jedes einzelne Rübchen trägt innen einen hellen Stern, Zucchini haben die schönsten Blumenformen, die Röschen des Blumenkohls sind einzeln wie kleine Bäumchen - unendlich ist die Vielfalt und Schönheit der Natur. Die Kinder lieben diese Entdeckungen, besonders die herrlichen Farb-, Form- und Dufterlebnisse. Wie vielfältig sind die Tastqualitäten, wie reichhaltig die Möglichkeit der feinmotorischen Tätigkeiten beim Schneiden der Gemüse oder Wiegen der Kräuter mit dem Wiegemesser. Beim Backen lieben sie besonders die verschiedenen Stadien des Mürb-Hackteigs. Wieder kann man erleben, einerseits wie wichtig die differenzierte Einzelwahrnehmung ist, andererseits der Bezug, den man schaffen kann durch die am Anfang erwähnte Begleitung mit Sprachlich-Musikalischem. Auch kann natürlich nicht jeder gleichzeitig am Teig sein, aber die Gestaltung durch das Backlied beim Kneten oder Rührlied beim Rühren teilt ganz selbstverständlich die Tätigkeit ein: solange ein Lied dauert rührt oder knetet ein Kind. Ist es zu Ende, kommt das nächste dran. Ein hilfreiches sozial wirksames Instrument wird durch diese Handhabung geschaffen.

Wenn das Gemüse geschnitten ist, oder der Teig auf dem Blech liegt, samt den dazugehörigen Äpfeln oder sonstigem Belag, „füttern" wir unser Feuer im Herd: Zuerst braucht es kleine „Vorspeisen", das heißt die Kinder suchen die feinen, kleinen Holzstückchen. Später verträgt es auch den „Braten", das heißt die großen Holzstücke. Und wieder erleben die Kinder herrliche, vielfältige Sinneseindrücke, beim Kochen drinnen am Feuerherd, beim Backen draußen am Backhaus. Unersetzbar scheinen mir diese Erfahrungen zu sein, und ich habe bis jetzt auch noch nie erlebt, dass ein Kind sich am Feuer verbrannt hat. Zu ehrfurchtgebietend ist das lebendig erlebte Feuer – ganz anders als der Elektroherd, an dem sie oft unbewusst am Schalter drehen, ohne wirklich zu erleben, was passiert, weil Tat und Wirkung zu viele Denkprozesse voraussetzen (Scholz 1999).

3.3 Das zu gestaltende Lebensumfeld des Kindes

3.3.1 Allgemeine Gesichtspunkte

Auch wenn das pädagogische Geschehen stets in seiner Ganzheit wirkt, kann die nun folgende differenzierte Betrachtung helfen, dass die Erzieherin die Zusammenhänge auslotet und sich bewusst macht. Da sie die wirksame Kraft im Erziehungs- und Bildungsprozess ist, kommt es nun darauf an, die Bereiche ihres an der Resonanz orientierten Wirkens auszuloten.

In seiner Dissertation hat Rüdiger Grimm diese Bereiche für das heilpädagogische und therapeutische Arbeitsfeld, die im Grunde auch für das pädagogische Arbeitsfeld zutreffen, folgendermaßen differenziert als

- pädagogische Hüllenbildung,
- pädagogische Haltung und
- pädagogische Handlung (Grimm1995, S. 87 ff.).

Mit der **Hüllenbildung** wird angestrebt, das Gleichgewicht zwischen den Eindrücken aus der Welt und der inneren Verarbeitungsfähigkeit des Kindes zu stützen und zu verbessern. Dementsprechend ist die Umgebung des Kindes zu gestalten. Das Bemühen der Erzieherin bezieht sich auf die

- räumliche Gestaltung (Formen, Farben, Kleidung),
- zeitliche Gestaltung (Rhythmen, Jahreslauf),
- seelische Gestaltung (bewusst gepflegte Stimmungen, Bewegungsgeschehen) und
- geistige Gestaltung (Sprache, Sprechen).

Die Hüllenbildung erfolgt kontinuierlich. Sie kann einem Kind die gedankliche Ordnung des Zeitverlaufs ersetzen. Dabei hat die Erzieherin ein hohes Maß an Willenskraft aufzubringen, um die notwendige Kontinuität zu erhalten.

Unter **Haltung** ist ein bewusst erarbeiteter und aktiv eingenommener innerer Zustand der Erzieherin zu verstehen. Sie antwortet damit auf ein bestimmtes Verhalten oder auf eine bestimmte Stimmung des Kindes im Sinne eines wechselseitigen Ausgleichsprozesses. Hier bemüht sie sich um ein Einfühlen in die Situation des Kindes und sie kann dadurch auf die Aktivitäten des Kindes ausgleichend, anregend oder begrenzend wirken.

Die **Handlung** entwickelt sich aus dem alltäglichen Lebenszusammenhang mit dem Kind und darf nicht aus **einem Förderungskatalog** entnommen werden. Vielmehr ist die Handlung durch die Erzieherin zu (er)finden und für das Kind situationsgerecht zu gestalten. Sie hat darauf zu achten, wie sie das ganzheitlich handelnde Kind begleitet, bei dem Denken (Kognition), Fühlen (Emotionalität) und Wollen (zielgerichtetes Handeln) zusammenwirken.

In der Erziehungssituation greifen die drei Vorgänge der Hüllenbildung, Haltung und Handlung ineinander. Sie sind nach anthroposophischem Verständnis keine theoretischen Konstruktionen, sondern real wirkende Bereiche im Seelischen. Durch das pädagogische Gestalten der Situation, die dem Kind die Berührung seiner Seele mit der Umgebung ermöglicht, bildet es seine inneren Ordnungsstrukturen.

3.3.2 Die Qualitäten sorgfältig bewusstmachen

Geduldige Selbstreflektion

Die Waldorferzieherin kann sich ihr Wirken immer wieder neu bewusst machen, indem sie ihre Erfahrungen in den genannten Qualitäten – Hüllenbildung, Haltung, Handlung – prüft und weiterentwickelt. Durch diese geduldige Selbstreflexion erlebt sie sich als lernende Person und entdeckt neue Wege. Sie bewegt sich auf noch Unbekanntes zu und überwindet dadurch die alltägliche Routine. Ihr Denken bleibt auf empirische (erfahrbare) Situationen bezogen und sie bildet Dispositionen für ein möglichst situationsgerechtes Gestalten der pädagogischen Situation. Das kann auch mit schmerzlichen Prozessen verbunden sein und wird in der „Andacht zum Kleinen" gepflegt.

Die anthroposophische Heilpädagogik und Sozialtherapie schenkt der Ausbildung der kindlichen Sinnesorganisation besondere Aufmerksamkeit. Neben dem Rhythmus (Tages-, Wochen- und Jahreslauf), der die Arbeit belebt und prägt, wird vor allem der Atmosphäre einer Einrichtung und der Haltung der Mitarbeitenden eine therapeutische Wirkung zugeschrieben. Hier ist daran zu erinnern, dass der Ursprung des Wortes Therapie auf das griechische Verbum „therapeuein" (dienen, Dienst tun, pflegen, besorgen) hinweist.

„Andacht zum Kleinen"

Doch nicht nur diese weitreichenden Aspekte sind zu beachten. Hinzukommen muss die „Andacht zum Kleinen", die das äußere Erscheinungsbild des Kindes und seine Lebensäußerungen mit innerer Teilnahme und größter Sorgfalt wahrnimmt. Die „Andacht zum Kleinen" realisiert sich u.a. in der Kunst der Gestaltung der Kinderkonferenz, bei der die Mitarbeiter sich gemeinsam um Entwicklungsdiagnostik und Förderung bemühen: Im Gespräch sind sie bemüht, das seelisch-geistige Wesen des Kindes in seiner individuellen Gestalt zu entdecken und Möglichkeiten für die Entfaltung seiner Biografie aufzuspüren (Göschel 2012).

Bei der „Andacht zum Kleinen" darf sich die Erzieherin nicht von Kausalitätsverknüpfungen (Ursache – Wirkung) und äußeren Wertungen leiten lassen. Vielmehr ist ihre ganze Konzentration dem fein- und einfühlenden Wahrnehmen des Kindes hier und jetzt gewidmet. Die Erzieherin ist bemüht, sich von Vorausurteilen oder Vorurteilen innerlich freizumachen, um das Kind in seinem Wesen wie eine leere Schale aufzunehmen und sein nachahmendes Tätigsein zu beachten.

3.3.3 Beispiele – das nachahmende Tun des Kindes wertschätzen

Die folgenden Beispiele gehen auf jahrzehntelange Beobachtungen und Erfahrungen zurück, die von Erzieherinnen und Eltern im Waldorfkindergarten gemacht worden sind. Sie fußen auf Steiners Menschenkunde und können „in der täglichen Begegnung mit den Kindern zur Quelle von Gewissheit und Freude werden" (Jaffke 2004, S. 7). Die Erfahrungen zeigen auch, wie sehr das Kind einer bewusst gestalteten

Umgebung bedarf, damit es aus seinem Ich heraus seine Sinne, sein Denken, Fühlen und Wollen entwickeln kann. Die Methode der Erzieherin, ihre Erziehungskunst also, besteht darin dem Kind zu ermöglichen, am Leben für das Leben nachahmend zu lernen.

Beispiele: Kinder ahmen nach, wie Erwachsene etwas tun:

- Das Kind ahmt schon sehr bald Tätigkeiten des häuslichen Lebens (Pflege des Raumes und der Einrichtungsgegenstände) wie selbstverständlich nach.
- Es poliert mit Eifer gereinigte Stühle.
- Sechs- und siebenjährige Kinder transportieren mit Umsicht und Sorgfalt einen Patienten vom Krankenwagen ins Krankenhaus.
- Kinder folgen beim Freispiel ihren Spielimpulsen, einige gehen in ihre gepflegte Puppenecke.

Das Kind ahmt hier die Tätigkeiten der Erwachsenen nach: Es ahmt nach,

- wie sie ihre Tätigkeiten im Haus und Garten ausführen, den Raum und die Gegenstände pflegen;
- wie sie spezielle Arbeiten verrichten (einen Stuhl polieren),
- wie sie für andere sorgen (einen kranken Menschen ins Krankenhaus bringen) oder
- wie sie die Umgebung gestalten (die Gegenstände im Zimmer ordnen und eine Puppenecke einrichten).

Bei diesen nachahmenden Tätigkeiten übt das Kind besonders sein Wollen. Aber es kann (noch) nicht unterscheiden, ob die nachgeahmte Handlung gut und sinnvoll oder schlecht und unsinnig ist. Es folgt einfach dem Tun der Vorbilder in seinem Lebensraum. Zu diesem Repräsentanten des Lebens wird der Erwachsene bei jedem Erziehungs- und Bildungsprozess.

Dazu gehört eine Nachahmungsumwelt, die seinem Alter entspricht. Diese Welt des Kindes hat Maria Montessori mit der „vorbereiteten Umgebung“ geschaffen (Klein 2019, S. 156 ff.). Erwachsene, die Teil der vorbereiteten Umgebung sind, ihre Arbeit gerne tun und die Kinder bei ihren Tätigkeiten begleiten, erkennen:

Es kann den Kindern nichts Schöneres geschehen, als

- dass sie die einzelnen Entwicklungsschritte voll ergreifen und gesund durchleben können;
- dass sie ihre Kräfte durch die besondere Herausforderung erstarken und üben können, sodass sie sich dann, wenn der Leib ganz durchgeformt ist und den ersten Gestaltwandel vollzieht, mit der gleichen Freude, Kraft und Lernbegier der Schule zuwenden und dort den Anforderungen gewachsen bleiben (vgl. Jaffke 2004, S. 19). [10]

3.3.4 Die Entwicklung der Sinne und des Willens beim Kind achten

Nach anthroposophischem Verständnis wirkt von Beginn an im Leib des Kindes ein Lebens- und Wachstumswille, den der englische Kinderanalytiker und Psychotherapeut Donald Winnicott als „Motilität" bezeichnet. Diese innere Lebenskraft kommt aus dem „primären oder wahren Selbst" (Winnicott 2017, S. 24) des Kindes.

Auch für die Reformpädagogin Maria Montessori wirkt vom Beginn des Lebens an „eine innere Kraft, die von sich aus bestrebt ist, nach außen zu treten, aber unter den Barrieren von allgemeinen Vorurteilen begraben bleibt. Es besteht eine 'Geistesform', die dem kleinen Kind eigen ist, aber noch nicht erkannt wird" (Montessori 1966, S. 38).

Montessori nennt diese Kraft den absorbierenden Geist, der die Umwelteindrücke aufnimmt und verarbeitet. Der Geist formt das Kind, inkarniert sich, wird einverleibt. Er organisiert sich mithilfe der Leibessinne und der Hand, die Montessori ein „Organ des Geistes" nennt (Montessori 1985, S. 36).

---

10 Dem in 13. Auflage erschienenen Praxisbuch von Freya Jaffke „Rhythmen und Reime. Arbeitsmaterial aus dem Waldorfkindergarten" (Jaffke 2019) können weitere konkrete Anregungen entnommen werden.

Bei diesem ganzheitlichen Entwicklungs- und Lernprozess wirken

- das Kind als Sinneswesen und
- das Kind als Willenswesen

zusammen. Mit seinem Willen ergreift das Kind durch seine Sinne die Welt und verleibt sie sich ein.

3.4 Begegnungen mit der Natur – im Äußeren das Innere entdecken [11]

Bienen

Die intensive Begleitung von Naturphänomenen im Jahreslauf ist eine sinnvolle und spannende Aufgabe für Kinder aller Altersstufen. Die Beteiligung der Kinder an dem Lauf der Jahreszeiten vermittelt, ohne zum Event zu werden, Kontinuität und bietet Notwendigkeiten, die aus sich selbst entstehen. Ein besonderes Beispiel ist hier die Betreuung von Bienen. Der Umgang (Können) mit ihnen erfordert ein hohes Maß an Verantwortung (Einstellung), Aufmerksamkeit, Wissen und am Ende auch Mut.

Warum Bienen?

Bienen erfahren in der öffentlichen medialen Diskussion aktuell in hohem Maß Aufmerksamkeit. Sie sind aber auch ein beliebtes Motiv in vielen Büchern und Geschichten für die Kleinsten. Ihr Honig ist sehr beliebt und von Frühjahr bis Herbst sind sie in den Gärten zu beobachten. Bienen sind also ein passendes Thema für Groß und Klein, mit der Chance auf echte Erlebnisse.

Im Folgenden wird der Ablauf eines solchen Projekts geschildert. Eine Abhandlung zur Imkerei bieten die Ausführungen nicht. Vielmehr wird auf pädagogische Handlungsmöglichkeiten und ihre Inszenierung, im Zusammenhang mit der Haltung von Bienen eingegangen.

---

11 Niclas Kohl vielen Dank für die Vorarbeiten zu diesem Abschnitt und dem folgenden Abschnitt 4.6.

Die Abhandlung gliedert sich in einen knappen Teil mit Hinweisen zur Vorbereitung, ausführliche Ideen zur pädagogischen Arbeit und einen perspektivischen Ausblick mit möglichen Anknüpfungspunkten.

Vorbereitung

Bevor Bienen beherbergt werden können, sind einige Grundsatzfragen wie ihre Haltung (konventionell, ökologisch, wesensgerecht) mit weitreichenden Folgen für das weitere Vorgehen zu klären. Das sind Aufgaben, die im Wesentlichen der Institution und ihren Mitarbeitern obliegen. Es empfiehlt sich die Expertise erfahrener Imker einzuholen, um diese Entscheidungen zu treffen. Auch der Besuch eines Kurses zur Imkerei ist ratsam. Und es darf nicht vergessen werden, zuvor mit möglicherweise ängstlichen Anwohnern der unmittelbaren Umgebung zu sprechen. Sie werden viel positives Feedback erhalten, wenn alle eingebunden sind. Zu bedenken ist auch das Verteilen der Aufgaben auf mehrere Schultern. Die Akteure werden sich naturgemäß von Zeit zu Zeit ändern. Insofern ist es gut, wenn mehrere interessierte Menschen im Thema sind.

Ideen zur pädagogischen Arbeit

In der Vorbereitung wird das Bienenhaus (Bienenbeute) besprochen. Es kann mit den Kindern gebaut werden und ist der erste mögliche gemeinsame Schritt. Mit ihrer Beteiligung an der Planung, dem konkreten Bau, dem Aufstellen und dem abschließenden Einzug der Bienen ergibt sich ein ereignisreicher Prozess mit einem klaren Ziel. Diesen Prozess von Anfang bis Ende wahrzunehmen, sich selbst und seine Fähigkeiten in ihm zu erproben und das fertige Produkt mit offenem Ergebnis (es ist schließlich nicht sicher ob die Bienen auch wirklich einziehen) zu bestaunen, ist für die Kinder ein wahrhaftiges Erlebnis. Ihre Selbstwirksamkeitsüberzeugung wird nachhaltig gefördert. Das selbstgebaute Bienenhaus ist sicher ein beliebter Anlaufpunkt auf dem Gelände für eine lange Zeit.

Die wohl spannendste Aufgabe für die Kinder ist die Annäherung an die Biene selbst. Die Beobachtung im An- und Abflug, die Inspektion der Waben, das Entnehmen des Honigs, das Umsiedeln von Völkern und vieles mehr schafft die unmittelbare Begegnung zwischen Biene und Mensch. Neben verschiedenen Kenntnissen über die jeweilige Arbeit ist vor allem ein ruhiger und zielgerichteter Umgang mit den Bienen erforderlich. Für viele ist es eine wirkliche Mutprobe, sich den kleinen Tieren unmittelbar zu nähern.

Auf kognitiver Ebene bieten sich allerlei Lerngebiete, die durch Beobachtungen und Experimente erschlossen werden können und die sich eng mit praktischem Tun verbinden. Die Arbeitsteilung der Bienenvölker ist bemerkenswert und hat Anschluss an das Erleben der Kinder. Der „Tanz" der Arbeiterinnen, die die Richtung und Entfernung zu nektarreichen Pflanzen anzeigt, ist ebenfalls ein Lerngebiet. Die verschiedenen Tätigkeiten wie etwa die Fütterung und Honigentnahme sind ebenso nicht ausschließlich praktischer Natur. Handwerkliches Geschick ist beim Bau der Beute (Bienenstock) gefragt. Nicht nur die tatkräftigeren Kinder finden hier sinnvolle Aufgaben, die ihr Tagewerk sichtbar machen. Es sind auch praktische Anschlüsse wie beispielsweise der Umgang mit Maßen und Mengen im Zusammenhang mit den Bautätigkeiten möglich.

Wolle

Tiergestützte Pädagogik ist, wie auch das geschilderte Bienenprojekt zeigt, in vielen Zusammenhängen anzutreffen. Sie entspringt therapeutischen Beobachtungen. Tiere werden vermehrt in der Arbeit mit Kindern als Co-Therapeuten eingesetzt. Besonders Schulen haben nicht selten sogenannte Therapiehunde oder pflegen das Therapeutische Reiten (Voltigieren). Weniger beachtet ist die Begegnung von Kindern mit Schafen. Ein Produkt der Schafe ist allen, insbesondere den Kindern, meist wohlbekannt: ihre Wolle.

In der Begegnung mit Tieren entsteht grundsätzlich die Möglichkeit Sozialverhalten und Verantwortung lernen zu können und gleichzeitig erste Schritte in Richtung einer ökologischen Bildung zu machen. Die wachsende Zahl der Naturkindergärten belegt die hohe Nachfrage nach dieser Art von Angeboten.

Warum Schafe?

Schafe sind eher zurückhaltende und genügsame Tiere. Abgesehen von dominanten Böcken sind sie als Herdentiere gut zu führen. Wenn sie mit der Flasche aufgezogen sind, zeigen sie sich häufig sehr zutraulich und interessiert. Ihre Haltung ist wenig aufwändig. Und es können Rohstoffe, ähnlich der Bienenhaltung, gewonnen werden, die im Tagesablauf des Kindergartens vielfältige Verwendung finden können. Schafe sind den meisten Kindern aus Büchern bekannt und recht häufig auf Bauernhöfen oder in der Landschaftspflege anzutreffen.

3.5 Den Jahreslauf erleben – Feste feiern, die das Leben rhythmisieren

Kindergärten und Schulen sind Institutionen, in denen mitunter viele Kulturen zusammenkommen. Die Gemeinschaft setzt sich aus sehr verschiedenen Menschen zusammen, deren kulturelle Wurzeln unterschiedlich sein können. Um alle einzubinden, ihnen Raum und Wahrnehmung zu schenken, bietet sich das Feiern von Festen an. Folgen diese Feste verschiedenen Anlässen, so kann der Diversität (kulturelle Vielfalt) der Einrichtung und ihrer Menschen Rechnung getragen werden. Die gegenseitige Wertschätzung und Wahrnehmung ist dabei ein bedeutsames Element.

Jahresfeste mit den Jahreszeiten

Der Jahreslauf bietet unterschiedliche Anlässe Feste zu begehen. Sie sind natürlich auch in verschiedenen Religionen zu finden, allerdings muss der spirituelle Aspekt nicht notwendigerweise im Vordergrund stehen. Feiern zu Sonnenwende oder dem Frühlingsanfang können beispielsweise Anlässe für diese Feiern oder Feste sein, die nicht zwingend mit Spiritualität, oder einer Glaubensgemeinschaft in Verbindung gebracht werden müssen. Sich in der Einrichtung auf verschiedene Termine im Jahr zu verständigen dürfte nicht allzu schwierig sein. Sie können auch einen Beitrag zur Kultur der Einrichtung sein, wenn beispielsweise jeden Spätherbst ein Jahrmarkt organisiert wird.

Beispiel: Das Laternenfest, ein Feste mit spirituellen Wurzeln

Die feiern und Bräuche etwa zur Mitte des Novembers sind unter verschiedenen Namensgebungen bekannt: Martinsumzug, Laternenfest, Laterne gehen oder Lichterfest. Sie werden besonders in Kindergärten und Grundschulen gefeiert und bieten Anlässe Traditionen zu pflegen und gemeinsam in eine jahreszeitliche Stimmung zu kommen, die mit vielen Erlebnissen verbunden sind. Bei den Festen sind häufig Eltern zu hören, die sehr lebhaft von ihren eigenen Erlebnissen aus der Kindheit berichten.

Hintergrund des Festes

Am 1. November ist Martins-Tag. Dieser geht auf das Begräbnis des Bischofs Martin von Tours (*316/317 † 397), einem der bekanntesten Heiligen der katholischen Kirche zurück, der auch von orthodoxen, evangelischen und anglikanischen Glaubensanhängern verehrt wird.

Beim Laternenfest mit Eltern

3.6 Fazit

Die beschriebenen Grundqualitäten der Waldorferzieherin sind für das intuitiv zu gestaltende Lebensumfeld des Kindes keine rein theoretischen Konstrukte; darauf wurde besonders in der „Andacht zum Kleinen" (3.3.2) aufmerksam gemacht. Die Waldorfpädagogik versteht diese Qualitäten als real wirkende Bereiche im Seelischen, die ganz im Interesse des sich entwickelnden Kindes aufgegriffen werden.

Die zu gestaltende Qualität kann mit Maria Montessoris Credo (Überzeugung) wie folgt zusammengefasst werden: „Ich glaube, dass in der Seele des Kindes geistige Entwicklung nur erfolgen kann, wenn der Kreis zwischen der Seele und der äußeren Welt durch einen Punkt der Berührung geschlossen wird" (Montessori, zit. n. Klein 2019, S.159). Hier ermöglicht die Erzieherin dem Kind das (Aus-)Bilden seiner inneren Ordnungsstrukturen.

Das Kind gestaltet aus seinem inneren Kraftzentrum seine Individualität im Bereich des

- Denkens, Vorstellens und Sprechens,
- Fühlens und
- Wollens (Handelns).

Erziehung ist eine Kunst.
die gute Erzieherin denkt nicht,
aus dem Kind ein Abbild ihrer selbst zu machen.
„Der ganze Wissenschaftsbetrieb ist vor
lauter Objektivismus herzlos geworden."
(Bauer 1990, S. 222)

„Es ist nicht nur unsere Aufgabe,
Heilpädagogik zu tun,
sondern mit und durch
die Seelenpflegebedürftigen Kinder
Kulturinseln zu schaffen."
(König, zit. n. Steel 2020, S. 11)

Kapitel 4: Gabriele Scholz gestaltet ihren integrativen Kindergarten

Die facettenreichen Reflexionen zur Waldorfpädagogik in den vorausgehenden Kapiteln werden nun beispielhaft mit authentischen Worten der Waldorferzieherin und Dozentin für Heilpädagogik und Sozialtherapie Gabriele Scholz dargestellt und reflektiert.

Nach Ausbildung zur Kindergärtnerin am staatlich anerkannten Fröbel-Seminar in Stuttgart, absolvierte Gabriele Scholz in Schottland und am Bodensee das Camphill-Seminar für Heilpädagogik. Sie war Hausmutter in der Schulgemeinschaft Föhrenbühl und langjährige Leiterin des integrativen Kindergartens der Camphill-Schulgemeinschaft Föhrenbühl.

Doch zuvor ist auf Karl König, Gründer der Schulgemeinschaften am Bodensee, aufmerksam zu machen. Sein Denken und Handeln begleitete die Arbeit von Gabriele Scholz.

4.1 Karl Königs humanistisch-christlicher Impuls

Der Wiener Arzt und Heilpädagoge Karl König flüchtete 1940 vor den Nazis und gründete in Schottland in dem Gut namens Camphill, in der Nähe von Aberdeen, die Camphill-Gemeinschaft für geflüchtete Menschen, für Kinder und Jugendliche, für Menschen mit und ohne Behinderungen, die heute als „Keim der sozialen Erneuerung" in eine hoffnungsvolle Zukunft schaut: „Es ist möglich, eine kooperative Alternative zur Mainstream-Gesellschaft zu schaffen, ohne die eigene Gemeinschaft von den in der größeren Gesellschaft aktiven Entwicklungsprozessen abzusondern" (McKanan 2020, S. 7). Camphill ist heute offen für Veränderung und Wandel. Dieser soziale Organismus wandelt sich durch sein Leben, das in ihm entsteht.

Karl König regte durch sein Beispiel eine weltweite Bewegung an, die heute über hundert Einrichtungen in 22 Ländern umfasst. Menschen werden aus der Ausgrenzung in die Gemeinschaft hineingeholt, leben und lernen miteinander. Für sie wird eine soziale Umgebung geschaffen, in der sie sich angenommen fühlen und ihr Leben in Freude und Zuversicht gestalten können.

Karl König und das Kind in der Begegnung von Ich zu Ich

In Karl König reifte durch leidvolle Erfahrungen die Erkenntnis: „Es ist nicht nur unsere Aufgabe, Heilpädagogik zu tun, sondern mit und durch die Seelenpflegebedürftigen Kinder Kulturinseln zu schaffen" (zit. n. Steel 2020, S. 11). Und an anderer Stelle sagte er: „Das aber ist die außerordentliche Aufgabe der Heilpädagogik, dass sie in jedem einzelnen Kind den Weg zum Menschsein, zum Mittlersein eröffnet. Das wird manchmal gelingen, oft wird es nicht gelingen. Versucht aber muss es immer werden. Denn wenn es jetzt nicht gelingt, der Wille allein, das Gute zu tun, gilt auch. Der wirkt dann weiter und wird ein nächstes Mal, wenn dieses Kind seinen Weg in die Erdenwelt erneut antritt, zur heilenden Arznei werden" (König, zit. n. Klein 2008, S.140).

Seine Idee erläuterte Karl König bei der Ansprache zur offiziellen Eröffnung der Heimsonderschule Föhrenbühl am 07. Mai 1964 und im Camphill-Weihnachtsbrief 1965: „Nur wenn wir uns wieder in Gemeinschaften zusammenfinden, die nicht durch die Bande des Blutes, sondern durch die des Geistes entstehen, wo wir füreinander arbeiten und zusammen streben, wo Erwachsene und Kinder, wichtige und weniger wichtige Menschen, fähige und nicht fähige in gegenseitiger Anerkennung der Würde des Einzelnen zusammenkommen und eine neue Form von Gemeinschaft bilden, nur dann wird etwas zustande kommen, wodurch den Kindern und den jungen Menschen die Möglichkeit gegeben wird, dass sie ihr wahres Wesen, ihre spirituelle Existenz zum Ausdruck bringen und ihren Beitrag geben können" (zit. n. Müller-Wiedemann 1992, S. 413).

Im Weihnachtsbrief hebt König die Haltung hervor: „Die 'heilpädagogische Haltung' muss in jeder sozialen Arbeit, in der Seelsorge, in der Betreuung der Alten, in der Rehabilitation der Geisteskranken sowohl als der Körperbehinderten, [...] im internationalen Friedenskorps und ähnlichen Bestrebungen sich zum Ausdruck bringen. [...]. Nur die Hilfe von Mensch zu Mensch - die Begegnung von Ich zu Ich - das Gewahrwerden der anderen Individualität, ohne des Nächsten Bekenntnis, Weltanschauung und politische Bindung zu erfragen –, sondern einfach das Auge-in-Auge-Blicken zweier Persönlichkeiten, schafft jene Heilpädagogik, die der Bedrohung des innersten Menschseins heilend entgegentritt" (ebd., S. 425; Steel 2020, S.13).

In einem Brief an die Eltern der Camphill-Schulen und der Dorfgemeinschaften am Bodensee schreibt Karl König zehn Monate vor seinem Tod: „Wir alle sollten immer mehr und mehr davon durchdrungen sein, dass diese Kinder unsere Lehrer sind; Lehrer in einem höheren Sinne. Denn sie haben ihr Schicksal – verkrümmt und verkrüppelt, verbildet und zurück zu sein – auf sich genommen. Sie klagen nicht und sind nicht mürrisch. Sie klagen auch nicht an und hadern nicht. Vielmehr nehmen sie ihr Anders-Sein auf sich, mutig wie einer sein Kreuz auf die Schultern nimmt, und sagen restlos ‚Ja' dazu. [...]. Jedes unserer Kinder hilft mit, eine große Schlacht zu gewinnen, die seit Jahrtausenden von den Menschen geschlagen wird [...]. Unsere Kinder sind nicht Krieger, sondern sanfte, aber stete Mahner in der großen Schlacht der Menschheitsgeschichte. Was würden wir ohne sie tun? Käme nicht die ganze Menschheit aus ihrem sozialen Gleichgewicht, wenn nicht Leid und Schmerz, Anderssein und Sondersein stets vor uns hintreten würden? Nur Oberflächliche können der Meinung sein, dass die Welt ohne Krankheit und Not bestehen sollte. Wäre das so, wie würden wir wissen, was Freude und Frohsinn ist? Ist nicht die alles durchwaltende Liebe beides: Schmerz und Freude? Ist nicht Gnade beides: Anfechtung und Überwindung? Ist nicht Glaube beides: Zweifel und Seligkeit?

Dessen wollen wir uns in solchen Augenblicken erinnern; wollen ein volles und ganzes ‚Ja' zu unseren Kindern und ihrem und unserem Schicksal, zu dieser schweren Aufgabe sagen. Dieses ‚Ja' erst gibt unseren Kindern den wahren Grund und Boden, auf dem sie stehen und leben können. Solch ein ‚Ja' allein gibt ihnen die Festigkeit ihrer und unserer Existenz. Solche Gedanken können uns – Eltern und Erzieher – vereinen. Unsere Kinder sind nicht dazu da, dass wir ihnen helfen, sondern sie sind da, damit uns durch sie geholfen wird.

Es ist ein gegenseitiges Geben und Nehmen; eine Kraft kann daraus entstehen, die heute so selten geworden ist, die wir alle zu verlieren scheinen und die doch so wichtig ist im menschlichen Zusammensein: Vertrauen.

Vertrauen in den anderen Menschen.
Vertrauen in die göttliche Welt.

Rudolf Steiner wurde einmal gefragt, was der heutigen Welt nottut. Er antwortete: ‚Aus seinem Vertrauen leben, ohne jede Daseinssicherung, aus dem Vertrauen in die immer gegenwärtige Hilfe der geistigen Welt'. Das aber können wir täglich neu von unseren Kindern lernen, und wir wollen versuchen, es nicht mehr zu vergessen" (König, zit. n. Müller-Wiedemann 1992, S. 476 ff).

Hans Müller-Wiedemann, Geisteswissenschaftler, Arzt, Psychologe und Heilpädagoge, langjähriger Leiter der Camphill-Schulgemeinschaft Brachenreuthe (bei Überlingen) hebt hervor, dass Karl König aus dem Vertrauen in die geistige Welt seine „Erkenntniskraft des Herzens" schöpfte, den Gabriele Scholz und die Schulgemeinschaft Föhrenbühl gegangen sind:

„König war über die äußere und innere
Dramatik seines Lebensganges hinaus,
die ihn zum Weltbürger werden ließ,
vor allem ein frommer Mensch in einem
durch die Anthroposophie erneuerten,
modernen Sinne. Das Leben Königs wurde
zunehmend Zeugnis einer erwachenden
Erkenntniskraft des Herzens [ ]."

In Königs Worten erkennen wir seine große Sorge um das Schicksal des Menschen wie der Menschheit. Die Wandlung des Intellekts in eine ganzheitliche Herzenserkenntnis hat König der therapeutischen Erziehung, aber auch der Pädagogik, Heil- und Sonderpädagogik aufgegeben. Das erlittene Schicksal gab ihm die Kraft das Leid zu wandeln und das Antlitz des Anderen, auch des Feindes, zu finden.

Für Hans Müller-Wiedemann war Karl König ahnungsvoll-intuitiv-klärend und fragend bemüht, sich auf die ursprünglichen Impulse der Heilpädagogik und Sozialtherapie zu besinnen. Er erlebte die reale Not, das Leid und den Schmerz seiner Mitmenschen. Er nahm auch wahr, dass ein Kind durch eine falsch verstandene anthroposophische Heilpädagogik „völlig verdorben ist". Er ging in sich und litt mit den Menschen, für die er sich bedingungslos und selbstlos einsetzte und an ihrem Schicksal, am Schicksal der unendlich verschiedenen Individualitäten, teilnahm.

In seinen Tagebuchaufzeichnungen entdecken wir: Es gab Tage, an denen er sehr früh aufwachte, sich elend fühlte und den Eindruck hatte, als Arzt versagt zu haben. Er hatte einen schier grenzenlosen Anspruch an sich selbst. Aber im Zentrum der von ihm gegründeten spirituellen Camphill-Gemeinschaft stand ein Halt gebender zukunftsweisender Gedanke, den er vier Monate nach dem Ende des Nazi-Terrors niederschrieb: Die Gemeinschaft „steht im Strom der Zeit, ruft zur Rück- und Neubesinnung auf".[12]

4.2 Zum positiven Begriff der Seelenpflege

Karl Königs humanistisch-christliches Menschenbild trägt aus einem tiefen Bedürfnis heraus Verantwortung für den Menschen mit Behinderung, dessen Geist nicht erkranken kann. Seine Seele, seine Fähigkeiten, Neigungen und Interessen sind pflegebedürftig. König erkennt: Das Dasein des Menschen mit Behinderung in der menschlichen Gemeinschaft hat einen vorgegebenen unbedingten Sinn. Dieser Mensch,

12 Das Karl König Institut für Kunst, Wissenschaft und soziales Leben e.V. (siehe https://www.karlkoeniginstitute.org/de/ueber-uns.asp) verwaltet den Nachlass und das Werk von Karl König. Als Hauptverantwortung des Instituts werden Karl Königs Biographie, Werke und Originaldokumente nicht nur für Forschung und Studium zur Verfügung gestellt, sondern auch aufgearbeitet, um seine vielen vielfältigen Impulse zu präsentieren und den Diskurs zu fördern.

der als geistiges Wesen in seiner Individualität niemals behindert oder krank sein kann, nimmt den Einzelnen und die Gesellschaft in die Verantwortung und Pflicht: Gutes zu tun, zu helfen, zu begleiten.

Rudolf Steiner hatte 20 Jahre zuvor den Begriff der Seelenpflegebedürftigkeit eingeführt. Er scheint in die akademisch definierende und abgrenzende Terminologie (noch) nicht hinreichend zu passen. Sehen wir uns mit Hans Müller-Wiedemann und Karl König diesen Begriff, der die Orientierung am Defekt oder Fehlenden überwindet, etwas näher an: Beim Erkennen eines Kindes müssen wir das Wissen über das Kind uns so aneignen, „dass wir nicht aus Abwegigkeiten, aus pathologischen Zuständen heraus dieses Wissen ableiten und dann in Begriffe umbilden oder in Definitionen, dass wir also nicht über das taube, das spastische, das mongoloide oder das enzephalitische Kind sprechen, sondern wir müssen dieses Wissen so erwerben, dass wir über die Anthropologie der kindlichen Motorik sprechen und daraus die Störungen dieser Motorik abzuleiten versuchen, dass wir über die kindliche Sensorik sprechen und da heraus eine Sehschwäche verstehen oder eine Hörschwäche und viele andere damit zusammenhängende Dinge. Dass wir also nicht über etwas sprechen, das als Diagnose festgemacht werden kann, sondern uns beeindrucken lassen von Phänomenen des allgemein Menschlichen, das uns allen in der Erfahrung als Menschen zur Verfügung steht: die Motorik, die Sensorik, kurz die Anthropologie des Menschseins. Dann tritt in diesen Prozess etwas Weiteres in Erscheinung, dass es nämlich darauf ankommt, dass man sich frei hält von Vorurteilen, und dass man versucht, diese Gestalt mit Zuwendung anzuschauen, ja, liebevoll anzuschauen. Das klingt zunächst sehr einfach. Wir sind dies aber als Wissenschaftler nicht gewohnt. Wir schauen die Gestalt mit den scharfen Augen der analytischen Beobachtung an. Wir stellen uns der Gestalt gegenüber. Den zweiten, wichtigsten Schritt tun wir oft nicht, nämlich dieses Gegenüberstehen in ein liebevolles Annehmen dessen zu wandeln, was ist, es innerlich nachzuschaffen" (Müller-Wiedemann 1998, S. 104). Dieses Erkenntnisparadigma wird in der „Andacht zum Kleinen" (siehe Abschnitt 3.3.2) gepflegt. Wir können es in der erziehungsbegleitenden ärztlich-heilpädagogischen Diagnostik, die auf den Stärken des Kindes aufbaut, wahrnehmen (Neuhäuser/Klein 2019, S. 77 ff.)

Dass der nicht defizitorientierte Begriff bis heute im wissenschaftlichen Diskurs nicht hinreichend beachtet wird, ist eine beunruhigende

Frage, denn die Waldorfpädagogik und anthroposophische Heilpädagogik und Sozialtherapie integriert das „heilpädagogische Prinzip in die Pädagogik" (Möckel 1998, S. 33). Sie ist in ihrem tiefsten Anliegen Integrations- und Inklusionspädagogik und begründet die Bildungseinrichtung (Kindergarten, Schule, Stätte der Berufsvorbereitung und -ausbildung) für alle Menschen: für behinderte und nichtbehinderte. Darauf weist aus erkenntnisgenetischer Sicht Andreas Möckel (Erziehungs- und Bildungswissenschaftler, Heil- und Sonderpädagoge) hin.

Wir haben

- zu erkennen, dass ein Seelenpflege-bedürftiges Kind nie Manipulationsobjekt der Wissenschaft und Praxis sein darf, sondern als Subjekt in seiner leiblich-seelisch-geistigen (biopsychosozialen) Ganzheit durch wohlwollendes Beziehungshandeln zu würdigen ist.
- darauf zu achten, dass im Leib des Kindes sich seine seelisch-geistige Verfassung ausdrückt, die diagnostisch-erziehungsbegleitend immer wieder zu entdecken ist.
- davon auszugehen, dass Heilen und Erziehen einen unauflöslichen Zusammenhang (Zusammenklang) bilden, den ein Kinderneurologe und ein Heilpädagoge „therapeutische Erziehung" bezeichnen (Neuhäuser/Klein 2019).
- zwischen Heilen und Erziehen keine begrifflichen Unterscheidungen vorzunehmen, sondern Akzentuierungen. Die Erfahrung lehrt, dass definierte Begriffe ebenso festgelegte Verhältnisse schaffen, wie das beispielsweise die verschieden definierten Sonderschultypen zeigen, denen ein Kind mit Behinderung durch (Test)Diagnostik auch heute noch oft zugewiesen wird.
- durch meditativ-kreative und spirituelle Übungen zu lernen
- die Phänomene vorurteilsfrei wahrzunehmen,
- die Geistesgegenwärtigkeit im Verstehen zu üben und
- die erkenntnisethische Selbstständigkeit im Handeln zu wahren (Klein 2008).

4.3 Waldorferziehung konkret

4.3.1 Vorbemerkungen

Jeder Waldorfkindergarten hat seine ganz individuelle Ausprägung, die von den dort tätigen Menschen gestaltet wird. Wir erfahren in einer ungewohnt einfachen und lebensnahen, aber gehaltvollen Sprache von Gabriele Scholz, wie sie die Erziehung gestaltet. Diese anschauliche und kreative Sprache finden wir ebenso in Beiträgen anderer Autorinnen und Autoren über die Arbeit in Waldorfkindergärten weltweit.

Für Gabriele Scholz sind die Werke von Rudolf Steiner, Karl König, Hans Müller-Wiedemann und Georg v. Arnim grundlegend. Ihre Erfahrungen geben Einblick in eine ganzheitliche heilpädagogisch-therapeutisch gestaltete Kindheitspädagogik.[13]

Die Erzieherin fragt das Kind:

- Woher kommst Du?
- Was ist in Dir veranlagt und kann in Dir entwickelt werden?
- Wohin geht Dein Weg?
- Was willst Du, dass ich für Dich tun kann?

Die Fragen lenken den Blick auf die großen Entwicklungszusammenhänge von der vorgeburtlichen Zeit bis in die Gegenwart. Sie inspirieren das eigene Denken, erweitern die Gedankenwelt und machen diese bewusst. Sie ermöglichen ein tiefes Begegnen mit dem Kind in seiner leiblich-seelisch-geistigen Ganzheit, das dem eigenen Handeln zugrunde liegt: **Wie** kann die Erzieherin dem wirklichen Kind begegnen? **Wie** kann sie aus dem Bemühen um eigene Identität mit ihm in eine bewusste Begegnung von Ich zu Ich treten und seine Sinne (seinen physischen Leib), seine Lebensprozesse/sein Denken (seinen Ätherleib) und sein Fühlen im Seelischen (Astralleib) begleiten, damit es seine Persönlichkeit, seine Ich-Organisation (Identität) in seine Entwicklung einordnen und seine Ich-Kräfte gestalten kann?

13 Gabriele Scholz besten Dank für die (Mit)Gestaltung dieses Kapitels.

Kann die aus diesem ganzheitlichen Verständnis heraus gestaltete Arbeit der Waldorferzieherin auch für die Arbeit im allgemeinen Kindergarten hilfreich sein? Können ihre Gedanken anregen und Handlungsimpulse geben?

Im folgenden Abschnitt beschreibt nun die Waldorferzieherin und Dozentin für Heilpädagogik und Sozialtherapie Gabriele Scholz die Situation in ihrem integrativen Waldorfkindergarten Föhrenbühl.

Miteinander malen

4.3.2 Gelebte Praxis

Gemeinsamkeiten – Unterschiede

Will man etwas oder jemanden integrieren, setzt das voraus, dass ein Unterschied, eine Andersartigkeit besteht. Ich möchte zunächst von der Frage ausgehen: Wo ist Gleichheit – worin liegt Ungleichheit? Gleichheit in unserem Falle bedeutet etwa:

Alle Kinder, die unseren Kindergarten besuchen, liegen in derselben Altersgruppe (zwischen vier und sieben Jahren); alle wollen geliebt, beachtet, in ihrer Persönlichkeit erkannt und gefördert werden. Alles andere weist uns schon in die Sphäre der Unterschiede:

- Wie kann ein Kind nachahmen?
- Wie kann es sprechen und Sprache verstehen?
- Wie kann es sich bewegen und Bewegungsanregungen annehmen?
- Wie kann es Inhalte von Bildern und Geschichten aufnehmen?
- Wie kann es Beziehungen zu Kindern und Erwachsenen knüpfen?
- Wie kann es spielen?

Hier gibt es, bedingt durch die vielfältigen Be-Hinderungen (ganz in diesem Sinne gemeint: Das Kind ist gehindert an der Entfaltung der oben genannten Erfahrungsmöglichkeiten), große Unterschiede.

Sieht man auf die Gemeinsamkeiten, so findet man die Persönlichkeiten einer bestimmten Altersgruppe, die alle zusammen ein Stück des gemeinsamen Lebensweges gehen wollen.

Sieht man auf die Unterschiede, findet man die verschiedenen Möglichkeiten, diesen Weg zu gehen. Das eine Kind braucht nur eine leichte Anregung, schon findet es den Weg, springt ihn vor und zurück, schmückt ihn, baut Brücken, Tunnel usw. Ein anderes Kind braucht für jedes Stückchen Weg viel Hilfe, Zuspruch, Ermunterung, Halt, Beistand usw.

Wie kann man den verschiedenen Möglichkeiten gerecht werden? Stören sie sich nicht auf dem Weg? Diese Frage führt zu den Voraussetzungen, die dem Leben einer integrativen Kindergruppe zugrunde liegen müssen.

Zur räumlichen und personellen Ausstattung

Es ist hilfreich, wenn die Räume eine klare Aussage haben, das heißt ihre Ausgestaltung und Struktur einen eindeutigen Aufforderungscharakter haben und sie dadurch von der Erzieherin bzw. dem Erzieher entsprechend gezielt benutzt werden können.

Neben der schönen Garderobe, dem Empfangsraum, der zum Sammeln vor dem Sälchen (einem mehrfach zu nutzenden Raum mit ovalem Grundriss) dient, gibt es zwei große Spielräume, einer mit Nebenraum, jeweils eine integrierte Küche mit Feuerherd und Abwaschbecken (Abwasch-Schüttstein freistehend auf Kinderhöhe) und einen zusätzlichen kleinen Raum (zum Einzelspiel etc.). Wir haben zwei große Spielräume, da die Kinderzahl pro Gruppenraum nicht so groß sein kann wie in den Regelkindergärten. Die Kinder sind schnell überfordert, wenn die Gruppengröße 15 Kinder übersteigt.

Das „Sälchen" ist unser Raum für die Bewegungsspiele, den Reigen, die Eurythmie, die Rollenspiele, das Märchenerzählen oder das Tischtheater. Es ist sehr hilfreich, dass dieser Raum frei von Möbeln und sonstigen Dingen ist, die die Kinder vom jeweiligen Geschehen ablenken könnten. Die ursprüngliche Idee eines runden Grundrisses wandelte sich zum Oval, weil dadurch eine Raumachse entsteht, die die Kinder in der Orientierung unterstützt. Die Fähigkeit, sich in der Bewegung ins Verhältnis zum Raum setzen zu können, ist in der frühen Kindheit ein wesentliches Erfahrungs- und Erziehungsmoment.

Außerdem haben wir einen schönen Garten mit Sandplatz samt Wasserpumpe, Gemüsegarten, Schaukeln, Weidenhäuschen, Backhaus, Hühnerstall und Hasengehege.

Vielleicht kann ich an dieser Stelle eine Bemerkung zur Entwicklung des Kindergartens einflechten. Ich bin seit über 20 Jahren als Kindergärtnerin (mit zusätzlichem heilpädagogischen Camphill-Seminar) in Föhrenbühl tätig und habe in dieser Zeit in vielerlei Räumen unter den verschiedensten Bedingungen gearbeitet. Dabei entwickelte sich langsam die Einsicht für die Notwendigkeiten und Grundlagen in Bezug auf den integrativen Kindergarten. Nach vielen Jahren provisorischer Unterbringung in verschiedenen Räumen wurde diese jetzt beschriebene Form entwickelt und hat sich seit 15 Jahren gut bewährt.

Außer mir und meiner langjährigen Mitarbeiterin (ausgebildet am Camphill-Seminar) sind im Kindergarten oft eine Anerkennungspraktikantin vom Waldorfkindergarten-Seminar und weitere Praktikantinnen und Seminaristen aus dem Föhrenbühler Heilpädagogischen Seminar tätig. Damit betreuen wir in der Regel 20 bis 28 Kinder, davon fünf bis acht seelenpflegebedürftige Kinder.

Wie sieht das Leben, der Tageslauf bei uns aus?

Begrüßung und Ankommen der Kinder

Wenn die Kinder morgens kommen, werden sie in der Garderobe empfangen und begrüßt. Gesunde Kinder finden ihren Platz an der Garderobe alleine, gekennzeichnet durch ein kleines Bild (ein Schildchen mit dem Namen und einem Motiv passend zur Jahreszeit, in der das Kind in den Kindergarten kam), können sich die Schuhe ausziehen, sie an den richtigen Platz stellen sowie die Hausschuhe finden und anziehen.

Dieser erste Vorgang des Morgens ist schon für alle weiteren Ereignisse des Tages typisch. Während nämlich ein gesundes Kind nach kurzer Zeit diese Vorgänge kennt und allein bewältigen kann, sieht das bei den meisten behinderten Kindern doch anders aus. Schon das Ankommen, die Übergangssituation an der Tür, unterscheidet sich. Meistens werden die behinderten Kinder von Eltern, Busbegleitern oder Gruppenbetreuern bis durch die Tür begleitet, sozusagen von Hand zu Hand gegeben.

Die Zeit, bis das Kind sein Garderobeschildchen findet, dauert oft lange. Die Grundproblematik vieler Störungen tritt da offen zutage: Unterscheidungsvermögen in der Vielfalt der Eindrücke ausbilden zu können, Gedächtnis zu entwickeln und sich dann mit dem Erinnerten aktiv immer wieder neu zu verbinden. Dies sind Vorgänge, die von einem gesunden Kind wie selbstverständlich geleistet werden. Hier aber stellen sie oft langwierige Entwicklungsschritte dar.

Schon an diesem kleinen Beispiel nimmt man viel von den sozialen Bezügen und der Einbindung in die Gruppe wahr. Oft warten schon Kinder an der Garderobe oder halten schon ein Plätzchen auf der Wartebank vor dem Sälchen frei für eines der ankommenden Seelenpflegebedürftigen Kinder.

Wenn dann ein seelenpflegebedürftiges Kind kommt – das wir in unseren Beispielen mit dem Namen Anna benennen wollen –, springen gleich zwei Kinder auf, laufen zu ihm hin, nehmen es an der Hand, helfen ihm den Mantel aufzuhängen und nehmen es mit zu seinem Platz. Dabei wird auch manchmal freudig bemerkt: „Guck mal, die Anna findet schon ganz allein ihr Garderobenplätzchen!" oder „Anna kann schon ihre Schuhe ausziehen!"

Wenn Anna dann glücklich zwischen den beiden anderen sitzt, werden ihr die Bilder gezeigt oder die Spiele gegeben, die – thematisch auf die Jahreszeit abgestimmt – in diesem Vorraum zum Sälchen immer bereitliegen.

Es ist wichtig, dass diese Vorgänge auch von den Eltern, die die Kinder bringen, wahrgenommen werden. Durch diese Erfahrung bildet sich nämlich Vertrauen in die gemeinsamen Erlebnisse, die das Kind im Verlauf des Morgens mit den anderen Kindern der Gruppe zusammen haben wird.

Die nicht behinderten Kinder ahmen in ihrer liebevollen Zuwendung die Erwachsenen nach und bieten Hilfestellung, wie sie es bei uns gesehen haben. Selbstverständlich bemerken sie den Unterschied, denn Anna kann weder sprechen noch so geschickt laufen oder sich bewegen wie sie. Aber sie ist ein Kind und wird als solches liebevoll in die Gemeinschaft aufgenommen.

Glücklicherweise reagiert Anna auf liebevolle Zuwendung mit freudigem Lächeln. Wenn so eine kleine Anna aber anstatt zu lächeln, lieber kratzt, beißt und Haare zieht, muss unabdingbar eine Erzieherin bzw. ein Erzieher dabei sein, um solche Handlungen abzulenken oder zu vermeiden. Wenn sie trotzdem einmal passieren, wird sie/er trösten, mit Annas Hand das Kind, dem etwas geschehen ist, streicheln und zum Ausdruck bringen, dass man versuchen wird, darauf zu achten, dass Anna in Zukunft auf ihre Hände besser aufpassen kann.

An der Haltung der Erwachsenen erleben die Kinder, dass das Seelenpflegebedürftige Kind in seiner Persönlichkeit anerkannt, geliebt und geachtet wird und dass wir ihm auf dem Weg in die Zukunft helfen wollen. Auch die anderen Kinder erleben in der vielfältigsten Weise solche Hilfe und können das gut in Beziehung setzen.

Reigen

Wenn dann der Reigen beginnt und wir in der Regel als lange „Kinderschlange“ in das Sälchen einziehen, wird Anna an der einen Hand von einer Erzieherin bzw. einem Erzieher, an der anderen von einem Kind gehalten, und es gilt der Grundsatz, dass man sich allgemein so schnell oder langsam bewegt, dass Anna da noch mitkommen kann.

Nachher, im freieren Bewegen, das auf Vorbild und Nachahmung im lockeren Gefüge der Gruppe geschieht, kann Anna von der Erzieherin bzw. dem Erzieher gehalten, geführt oder freigelassen werden, so wie es ihr gemäß ist. Dabei gilt, dass natürlich die Bewegungsmöglichkeiten und -bedürfnisse aller Kinder voll zum Tragen kommen müssen. Aber auch hier ist eine gewisse Rücksichtnahme zu bemerken, wenn etwa ein kleiner Anna-Vogel langsamer fliegt und von einem anderen Vogel vorsichtig überholt wird.

In der Haltung der Erwachsenen im Umgang mit den Kindern in solchen Situationen liegt der Maßstab für das Verhalten der Kinder, die nachahmend dasselbe tun. Die Selbstverständlichkeit – ohne falsches

Mitleid, ohne Pathos, ohne Häme, aber mit liebevoller Zugewandtheit –, mit der man mit Anna und allen anderen Seeelenpflegebedürftigen Kindern umgeht, wird von den Kindern tief und unauslöschlich in ihr Wesen aufgenommen.

Im Zusammenspiel der Kräfte muss da von allen Erwachsenen in allen Situationen gut erspürt werden, wann der Bogen überspannt wird. Zum Beispiel kann das Geschrei eines Kindes, aus welchen Gründen auch immer es schreien mag, sehr schnell zur Überforderung für alle anderen führen. Man muss dann mit einem solchen Kind hinausgehen können, vielleicht das Frühstück im Extra-Zimmer einnehmen, und dann erspüren, ob es möglich ist, in die Gruppe zurückzukehren. Aber wäre das anders, wenn es in einer Gruppe ausschließlich Kinder mit Behinderungen gäbe? Auch hier wäre für mein Empfinden ein schreiendes Kind eine Überforderung für die Gruppe. Es kann aber auch sein, dass unsere Anna gar nicht mitmachen kann, entweder aufgrund ihrer Bewegungsbeeinträchtigung oder aus seelischem In-Sich-Gefangen-Sein oder ähnlichen Gründen. Dann sieht die Situation im Reigen vielleicht so aus, dass Anna auf dem Schoß einer Erzieherin bzw. eines Erziehers sitzt und von ihm mitbewegt wird. Wenn Anna das nicht akzeptieren kann, sitzt sie auf einem Stühlchen. Plötzlich, nach Wochen passiven Zuschauens, fängt sie an, mitten hinein zu springen, sich zu drehen, zu klatschen, zu lachen usw. Kein Kind der Gruppe würde über ihr Verhalten etwas anderes als Freude empfinden – aber keinem würde es einfallen, sich dann auch so zu verhalten. Die Kinder unterscheiden da sehr fein und differenziert, wenn der Rahmen so ist, wie er hier beschrieben wurde.

In der dargestellten Reigensituation ist es für die behinderten Kinder besonders schön, die frohen und harmonischen Bewegungen der anderen Kinder zu erleben. Da ja die kleinen Kinder sich mit ihrer Seele ganz dem Umkreis hingeben können, ist es auch für das zuschauende Kind wie eine innerlich nachvollzogene Bewegungserfahrung, wenn es die Freude und Harmonie der Bewegung der anderen Kinder und auch des Erwachsenen, dessen Bewegungen für das Kind das Vorbild sind, erleben kann.

Man erkennt das am freudigen Lächeln, den glänzenden, interessierten Augen oder auch an den sich unbewusst mitbewegenden Händchen, die dann manchmal zu zappeln anfangen.

Und wie steht es mit der Sorge, dass Kinder die besonderen und oft bizarren Bewegungsformen und Sprechweisen der behinderten Kinder nachahmen? Aus der Erfahrung meiner langjährigen Tätigkeit als Kindergärtnerin in diesem integrativen Kindergarten habe ich immer wieder erlebt, dass Kinder für kurze Zeit so etwas ausprobieren, etwa im Freispiel: „Ich bin heute Anna" – und alles wird genauso imitiert, wie es erlebt wurde. Aber dann ist es auch gut, und man lässt es wieder sein. Dadurch entsteht in meinen Augen kein Schaden, es wird eben eine besondere Facette des Lebens wahrgenommen, und das gehört für mich zur Lebenswirklichkeit dazu.

Frühstück

Beim anschließenden Frühstück gibt es wieder reichlich Gelegenheit, die vorher beschriebenen, selbstverständlichen Bezugnahmen zu pflegen. Ein Kind, das nicht spricht oder auf der Stufe steht, wo die Sprachmelodie in einzelne Wortinseln mit Situationsbedeutungen ausgeweitet wird, erhält durch das bei Tisch geäußerte „Bitte" und „Danke" eine gute Motivation, dies auch zu tun. Da wird nämlich die „Brot-Post" verteilt, das heißt die Kindergärtnerin macht die Brote zurecht und ein Kind bringt sie als „Päckchen" oder „Brief" zu den anderen Kindern.

Beim Abliefern sagt das Kind „Bitte!" und das Kind, das die „Post" empfängt, antwortet mit „Danke!". Wenn alle ihr Brot haben, beten wir und reichen uns die Hände zum Gesegnete-Mahlzeit-Sagen. Wie gut und hilfreich sind für alle Kinder diese geordneten Situationen, wo es auch einmal darauf ankommt, dass man wartet, z. B. bis wirklich alle sich angefasst haben. „Gesegnete Mahlzeit!" Dann kommt eine ruhige und zufriedene Mahlzeit-Stimmung auf, in der auch unruhige Kinder sich meistens einfinden.

Das Frühstück wird mit einem Fingerspiel beendet, bei dem wieder deutlich die unterschiedlichen Möglichkeiten zu bemerken sind, auf die – wie schon beim Reigen beschrieben – unterstützend eingegangen wird.

Gemeinsame Tätigkeiten

Nach dem Frühstück ist jedes Kind ein Teil der Helferschar zum Abwaschen, Kehren, Tisch-Abwischen usw. Hier ist unsere Regel, dass die Kinder typische Utensilien (Abwaschschürzen, Geschirrhandtücher, Besen usw.) an ihren Stuhl bekommen, anhand derer sie ersehen können, welche Aufgabe sie heute haben. Die Selbstverständlichkeit zu helfen (als gute Gewohnheit) wird dadurch eine wichtige Tatsache in der Beziehung zur Welt. Wie beim Reigen wird den Seelenpflegebedürftigen Kindern so geholfen, wie sie es individuell brauchen, um voll in das Gesamtgeschehen integriert zu sein.

Einmal in der Woche gibt es statt der Brot-Mahlzeit ein richtiges Essen, das wir selbst zubereiten. Oder wir backen Kuchen, z. B. als Geburtstagsvorbereitung. Es gibt für die Kinder kaum schönere Tätigkeiten als jene, die mit dem Haushalt zu tun haben.

Die Kinder erleben eine Vielzahl von Sinneseindrücken, begleitet von rhythmischen Sprüchlein oder Liedern. Grob- und feinmotorische Bewegungsabläufe werden geübt. Sinnvolle Zusammenhänge werden erfahren: Vom Gemüse-Säen, Pflegen und Ernten im Garten bis zur Suppe auf dem Feuerherd – alles sind in sich sinnvoll zusammenhängende Erlebnisse, die unmittelbar verstanden werden können.

Auch hier wird den Kindern, die Unterstützung brauchen, individuell geholfen. Im Allgemeinen lernen Kinder diese Tätigkeiten durch Nachahmung. Bis zu diesem Punkt im Tagesablauf gibt es in der Regel keine unüberwindlichen Hindernisse im integrativen Miteinander.

Freispiel

Wenn wir nun zum Freispiel kommen, muss man sehr wachsam, phantasievoll und einfallsreich sein, um so manche Klippe zu umschiffen. In der Zeit des Freispiels haben alle Kinder die Möglichkeit, die Anregungen des Umkreises ihren Neigungen gemäß ins Spiel umzusetzen. Hier tun sich die Kinder in verschiedenen Gruppen zusammen und bauen z. B. Häuser oder eine Arztpraxis, sie verkaufen im Laden, kochen für die Puppen, bauen Puppenspiele auf und Landschaften mit Kühen, Schafen, Ställen, Seen usw.

Daneben gibt es ein Eckchen für unsere kleine Anna, die mit Vorliebe Kastanien ausschüttet, wieder einliest, umfüllt oder selbst in den

Korb steigt. Das ist ihre Art von Freispiel. Sie wird dabei ab und zu von den anderen Kindern betrachtet. Manchmal kommt ein Kind dazu und lässt die ausgeschütteten Kastanien durch ein Papprohr wieder in ihre Schüssel rutschen. Anna greift die Idee auf und ahmt die Tätigkeit begeistert nach. Will sie dieses Spielchen dann aber auch im Kaufladen mit allen anderen Materialien machen, schreien die Kinder um Hilfe. Dann muss man eingreifen, denn dass Annas Spielverhalten in der einen Ecke akzeptiert wird, bedeutet nicht, dass ihr uneingeschränktes Recht und freier Zugriff auf alle Spielsachen gewährt wird, die gleichzeitig auch von anderen Kindern benutzt werden.

Besonders im Freispiel braucht ein Kind mit einem überschießenden Bewegungsdrang gute Einfälle der Erzieherin bzw. des Erziehers, damit ihm Gerechtigkeit im Ausspielen seiner Bedürfnisse widerfahren kann, ohne dass die Kinder, die vielleicht gerade ein Puppenspiel aufbauen, einfach überrannt werden. Mit so einem Kind geht man erst einmal ein wenig in den Garten, um die Hasen und Hühner zu füttern, Löwenzahn zu suchen, den Stall zu misten, zu schaukeln usw. Natürlich können dabei auch noch ein oder zwei andere Kinder mitgenommen werden, da die Weite des Gartens genügend Spielraum bietet.

Dann ist es meistens möglich, das Kind in das allgemeine Spielgeschehen mit einzubeziehen, z. B. fängt man an, seinen Neigungen gemäß, eine Spielsituation zu gestalten. Diese wirkt meistens auf andere Kinder so, dass sich das eine oder andere dazugesellt und mitmachen will. Wichtig dabei ist die Reaktionsschnelligkeit der Erzieherin bzw. des Erziehers und ihre bzw. seine Möglichkeit, die Grenzen des Kindes in Bezug auf seine Konzentrationsfähigkeit sowie seine Bereitschaft, auf die spontanen Aktionen der anderen Kinder eingehen zu können, real einzuschätzen.

Manchmal braucht ein Kind auch in dieser Zeit seinen eigenen Raum, weil es sonst im Hinblick auf seine sozialen Fähigkeiten überfordert ist. Hier möchte ich daran erinnern, dass die Räumlichkeiten, damit sie genügend Möglichkeiten bieten, entsprechend gegliedert sein sollten, wie auch an die Tatsache, dass genügend Mitarbeitende zur Verfügung stehen müssen.

Die Kinder ohne Behinderung haben beim Zusammenspielen im Prinzip eine große Toleranzfähigkeit gegenüber den Seelenpflegebedürftigen Kindern. Das Integrieren einer nicht sprechenden oder ungeschickten Anna wird zum großen Teil durch soziales Geschick und einfühlsames Situationsverständnis geleistet. Die Kinder erleben unmittelbar, dass Annas Besonders-Sein besondere Situationen braucht und rechtfertigt. Sie sind in der Regel auch bereit, diese zu schaffen, und werden darin durch das Vorbild der Erzieherin bzw. des Erziehers unterstützt. Die Grenze liegt immer da, wo keine Verständigungsmöglichkeit mehr vorhanden ist und unsere Anna sich aggressiv oder zerstörerisch verhält. Dann muss, wie beschrieben, die Erzieherin bzw. der Erzieher das Bindeglied sein und Ausgleich bilden oder auch zeitlich begrenzte Einzelsituationen schaffen.

Abschluss des Morgens

Nach dem Aufräumen gehen wir wieder in unser Sälchen zum Abschluss. Dieser besteht entweder aus einer erzählten Geschichte, einem Märchen, dem Anschauen eines Bilderbuches, dem Betrachten eines Puppenspiels oder dem gemeinsamen Spielen eines Rollenspiels. Wie alles andere, stimmen wir auch die Thematik des Abschlusses mit dem Gesamtthema der Jahreszeit oder der daraus speziell gewählten Epoche ab. In der Regel erstreckt sich dieser Zeitabschnitt über zwei bis drei Wochen.

Wenn nun eine kleine Anna diesen Abschluss nicht aushält, weil er ein zu hohes Maß an Konzentrationsfähigkeit erfordert oder weil sie überhaupt noch nicht still sitzen kann oder weil das Wort ihr noch nichts bedeutet, so gestaltet eine Betreuerin bzw. ein Betreuer für sie einen kleineren, kurzen, ihr gemäßen Abschluss, thematisch angelehnt an den allgemeinen Abschluss.

Der Jahreskreislauf birgt in seiner Wiederholung die Möglichkeit, dass eine Anna im nächsten Jahr das Erlebnis haben kann, das ihr vielleicht für dieses Mal nicht in vollem Umfang zugänglich war. So hört man nie auf zu hoffen, dass sich die kleine Anna bis dahin so entwickelt haben möge, dass sie das Versäumte dann erleben kann.

Ganz zum Schluss werden alle Kinder mit Handschlag und Namen verabschiedet und in der Garderobe können noch einmal viele kleine hilfreiche Handlungen des Miteinanders entstehen, die einfach als Tatsache des Lebens aussagen: Wir brauchen einander – jeder Mensch den anderen!

Schlussbetrachtung

Aus den vorangegangenen Beschreibungen von Gabriele Scholz ist ersichtlich, dass ein inklusiver Kindergarten eine sehr positiv zu beurteilende Form des sozialen Lernens sein kann. Voraussetzungen sind ein tragfähiges pädagogisches Konzept, genügend Mitarbeitende zur Differenzierung in der Betreuungssituation und eine angemessene räumliche Ausstattung.

Ausgangspunkt und Antrieb wird aber immer das Engagement aller am Erziehungsprozess Beteiligten sein, die sich für die inklusive Erziehung einsetzen und dem Leib des einzelnen Kindes Gutes tun wollen. Bei diesem Handeln geht es stets um ein respektvolles, achtungsvolles und unverstelltes Begleiten aus der gemeinsamen Situation heraus. Stets ist dabei darauf zu achten, dass gerade bei Kindern mit kognitiven Einschränkungen, die über weniger Verarbeitungsmöglichkeiten verfügen und dadurch eingeschränkte Kommunikationsmöglichkeiten haben, inneren Belastungsstörungen durch eine vorbeugende feinfühlende Haltung und Handlung zu begegnen ist.

4.3.3 Erziehungskunst

Ein Garten mit dem Bild des Wachsens, Gedeihens, Pflegens, der Sinnesfreude, der Tatkräftigkeit, der ursprünglichen, gottverbundenen Liebe zur Natur – all das ist auch die Grundlage eines Gartens, in dem Kinder gedeihen, sich entwickeln, sich entfalten, Wurzeln bekommen, den Stern, die Sonne, das liebe Licht der Zuwendung erleben und sich so ihren Erdenraum erobern.

Was sind die Bedingungen? Allen Kindern gemeinsam ist, dass sie angenommen und geliebt sein wollen, so wie sie sind.

Darüber hinaus sind hilfreich:

- Die liebevolle, freudige Zuwendung durch Geste, Sprache und Bewegung in Reigen und Fingerspielen;
- eine schöne, dem Jahreskreislauf abgelauschte Umgebung – durch Farbe und Form wirkend;
- sinnvolles Spielzeug, das heißt der Fantasie freien Raum lassende Gestaltungen;

- sinnvolle Tätigkeiten des alltäglichen Lebens, zur Nachahmung anregend, ein gegliederter Tagesablauf.

Daran können sich Kinder orientieren. Erziehungsprozesse vollziehen sich sozusagen „von selbst", denn natürlich können wir „nur" im weitesten Sinne die Umgebung abgeben, die Impulse setzen, an denen sich das Kind selbst erzieht.

Nun liegt es im Trend der Zeit, dass man sich als Erwachsener nicht mehr vorstellen kann, dass ein Kind von einem immer und immer wieder erzählten Märchen nicht genug bekommen kann, am liebsten immer wieder dasselbe spielt (eine Zeit lang), und hocherfreut ist, wenn ein einmal so oder so erlebtes Fest wieder so begangen wird. Gerade aber diese Wiederholungen bilden die Grundlage für Gedächtnis, Konzentrationsfähigkeit, Durchhaltevermögen, Verbindlichkeit und Verantwortlichkeit den Dingen gegenüber und auch für die Fähigkeit, eingegangene Beziehungen durchzutragen.

An dieser Stelle möchte ich gerne an eine grundlegende pädagogische Frage erinnern, die mit dem vorher Beschriebenen zu tun hat. Die größte Gefahr für eine fruchtbare Handhabung der Einsicht in die Notwendigkeit von Wiederholung und Gewohnheit ist das Fallen in Routine. Wenn nicht die von der Erzieherin ausgehende Gestaltung innerlich mit immer derselben Freude ausgeübt wird, als wäre es eine eben neu geschaffene, dann erlischt der Quell zur Freude auch fürs Kind und die positiven Auswirkungen treten nicht ein, sondern es entsteht innere Leere und Lustlosigkeit.

Auch darf nie außer Acht gelassen werden, dass Überraschungen, Besonderheiten, Unvorhergesehenes als Kontrapunkt ganz wichtig sind, wie auch der gelassene Umgang mit den Widrigkeiten des Lebens, die oft überhaupt nicht in die gewohnheitsmäßigen Abläufe passen.

4.3.4 Rhythmisches Gestalten

Gliederung der Zeitabläufe

Wie bei allen rhythmischen Vorgängen, spielen im Kindergartengeschehen die zeitlich gegliederten, sich wiederholenden Abläufe die zentrale Rolle. Um einen lebendigen, gesunden Organismus aufzubauen, braucht das kleine Kind von Anfang an einen seine natürlichen Lernprozesse unterstützenden gegliederten Tageslauf, in dem sich Schlafen und Wachen, Nahrungsaufnahme, Phasen der Bewegung und Phasen der Zuwendung mit solchen der Ruhe sinnvoll und regelmäßig abwechseln und aufeinander abgestimmt sind.

Wie wichtig solche im weitesten Sinne erzieherischen Maßnahmen sind, sieht man besonders an den Unterlassungen, das heißt immer dann, wenn etwa keine regelmäßige Nahrungsaufnahme stattfindet, kann sich der Organismus keine darauf abgestimmten Verdauungsprozesse angewöhnen und gerät in Unordnung. Das Gleiche erlebt man auf der Ebene des Schlafes.

Für die pädagogische Arbeit eignen sich als gute Grundlage die schon im Leben gegebenen Gliederungen der Zeitläufe in Tages-, Wochen- und Jahreszeitrhythmen. Hier bilden sich aus dem unmittelbaren täglichen Erleben und Gestalten nach und nach individuelle Gewohnheiten aus, die Teil der kindlichen Persönlichkeit werden. Der Alltag im Kindergarten bietet zahllose Möglichkeiten zum Üben verschiedener kleiner und großer Gewohnheiten, die als Grundlage für weitere Erfahrungen und Gewohnheiten dienen. Wie tief diese Gewohnheiten in der Persönlichkeit verankert sind bzw. sein können, wird dann wahrgenommen, wenn man mit aller Kraft versucht, die eine oder andere Gewohnheit wieder loszuwerden.

Die rhythmischen Übungen haben einen tiefen symbolischen Gehalt. Sie bilden tragende Gewohnheiten aus und verhindern das Abgleiten in Routine. Bei der rhythmischen Gestaltung sind folgende didaktisch-methodischen Gesichtspunkte zu beachten, die eine Erzieherin ihrem Planen, Gestalten und Nachbesinnen (Nachbewerten) zugrunde legen kann:

- Was sind immer wiederkehrende, sich in gleicher oder ähnlicher Weise wiederholende Erlebnisse?
- Was ändert sich inhaltlich, bleibt aber als Prinzip an derselben Stelle des Tagesablaufs?
- Was sind besondere, sich wiederholende Wochenereignisse?
- Was sind besondere und einmalige, aber vorhersehbare Ereignisse?

Der individuelle Rhythmus bereitet aus sich heraus Freude

Die recht verstandene rhythmische Übung ist für die Entwicklung des Kindes bedeutsam. Es handelt sich um einen Vorgang, der ganz und gar von innen her bestimmt ist und sich im selbstbestimmten individuellen Rhythmus, der sich nicht von außen aufzwingen und reglementieren lässt, äußert. Um den hier hervortretenden „Geist des Übens" (Bollnow 1978) sollte es in allen Kindergärten gehen. Die Erfahrung bestätigt immer wieder, dass das recht verstandene Üben aus sich selbst heraus Freude bereitet. Die Freude wird nicht wegen eines zu erzielenden Nutzens erzeugt. Das Kind bringt vielmehr durch das freie rhythmische Üben seine spontanen und schöpferischen Kräfte ins Spiel.

Dieser ganzheitliche Bildungsauftrag **folgt keinem** standardisierten lernzielorientierten curricularen Förderkonzept. Es geht vielmehr um

- die Entfaltung der Potenziale des individuellen Kindes,
- seine körperliche und seelische Gesundheit,
- Selbstwirksamkeit, Selbstvertrauen und Lebensfreude,
- Ich-Stärke und Kreativität,
- Interesse an den Erscheinungen der Welt,
- Geduld, Ausdauer und Konzentration,
- Herzensbildung und Empathie,
- Achtung und Toleranz und
- Übernahme von Verantwortung in der sozialen Gemeinschaft (Wiehl, 2020, S. 19).

Ein Kind, das diese Fähigkeiten entwickelt und in sich trägt, wird nach Erkenntnissen der Salutogenese und der psychosomatischen Medizin und ganzheitlichen Heilkunde einen gesundheitsfördernden Sinn (Kohärenzsinn) entwickeln, der ihm das Verarbeiten posttraumatischer Belastungsstörungen und traumatischer Erlebnisse ermöglicht (Näheres in Abschnitt 1.4.3).

4.4 Fazit: Erziehungskunst aus der Tiefe des Herzens pflegen

4.4.1 Mit den kleinen Lebenskünstlern handeln und für sie Gutes tun

Die authentische und kommentierte Beschreibung der Arbeit im integrativen Kindergarten Föhrenbühl veranschaulicht das Grundanliegen der inklusiven Waldorfpädagogik heute: Gabriele Scholz pflegt eine Erziehungskunst, die aus der Tiefe des Herzens kommt, die Würde und Potenziale des individuellen Kindes achtet und das Gute im Kind sieht, das für seine Entfaltung eine soziale Hülle, eine feinfühlende begleitende Haltung benötigt, denn vor kleinen Kindern kann man nichts verbergen. Richtig verstanden, sind gerade kleine Kinder in den ersten drei Lebensjahren unsere recht verstandenen Lehrmeister, nämlich ehrlicher mit sich und den anderen zu werden. All dies ohne Zwang und Druck, sondern mit Freude und Humor, die Kinder in diesem schutz- und haltgebenden Lebens- und Lernraum schenken. Schauen und hören wir auf diese Lebenskünstler, die uns Gabriele Scholz nahelegt.

Intuitiv nimmt die Waldorferzieherin ihre Arbeit wahr. Sie erkennt, wie die Arbeit in ihrem Kindergarten hier und heute zu gestalten ist. Sie folgt dem ganzheitlichen gesundheitsfördernden Ansatz, tut Gutes und ist sich selbst gegenüber kritisch und wandlungsfähig.

Für Karl König hat das Dasein des seelenpflegebedürftigen Menschen in der menschlichen Gemeinschaft einen vorgegebenen unbedingten Sinn. Dieser Mensch nimmt König in die Verantwortung und Pflicht: Gutes zu tun, zu helfen, beizustehen, zu begleiten. Das Ur-Motiv Gutes für den Anderen zu tun hat Tradition. Königs Handeln weist auch auf die Ursprünge der Heil- und Sozialpädagogik hin: auf die „sehende Liebe“, die im Gegensatz zur „blinden Liebe“ die Probleme und Schwierigkeiten nicht zudeckt, sondern öffnet. Die sehende Liebe, die Pestalozzi mit armen und verwaisten Kindern pflegte, ist schöpferisch, nimmt ihre Mit- und Umwelt so wahr, wie sie nun einmal ist, und ist bemüht, das Wahrgenommene unter den gegebenen Bedingungen zum Guten zu wandeln – ohne Illusionen (Buchka/Grimm/Klein 2002).

4.4.2 Sich selbst gegenüber kritisch und wandlungsfähig sein

Durch die Begegnung von Ich zu Ich, die die Perspektive des Kindes und die Perspektive der Erzieherin in einem wechselseitigen Prozess wahrnimmt, entwickelt sich ein selbstreflexives und schöpferisches Nach- und Weiterdenken. Das ist **keine Rückkehr** zu einem vorwissenschaftlichen Denken, wie oft gemeint wird. Vielmehr ist das Erfahrene der Ausgang für neugieriges Fragen und Suchen – ohne „Angst vor den Anforderungen des augenblicklichen Lebens" (Saßmannshausen 2019, S. 37).

Bei diesem intuitiven und kreativen Handeln in der Begegnung, das durch Erfahrungen immer wieder korrigiert wird, relativieren sich theoretische Vor-Annahmen. Maßgebend ist eine innere Haltung der Achtung, die die Würde des einzelnen Kindes anerkennt, die nicht an bestimmte Eigenschaften gebunden ist, sondern vielmehr an die Art wie dem Menschenkind in der Beziehungssituation begegnet wird. Die Eigenschaften sind zweitrangig. Vorrangig ist die Begegnung von Ich zu Ich, bei der das eigene Sein in Freiheit und das Sein des Kindes in Freiheit aufrechterhalten bleiben.

Diese Erziehung heißt für die Erzieherin, dass sie „sich selbst gegenüber kritisch" und wandlungsfähig ist (Saßmannshausen 2019, S. 75). Sie zeigt Haltungszüge, die die heilpädagogisch-therapeutische Praxis seit ihren Anfängen charakterisieren und aus der Tiefenstruktur der Erzieherin herauswachsen (Bach 1968, S. 60).

- Erfülltheit: von der Aufgabe erfüllt sein, um die es jeweils geht.
- Zugewandtheit: mit dem individuellen Kind menschliches Zusammensein pflegen.
- Aufgeschlossenheit: das Kind ehrlich so annehmen, wie es ist.
- Bestimmtheit: klare und eindeutige Ordnungen und Regeln vorleben und vorgeben.
- Verlässlichkeit: zur gestellten Aufgabe stehen, ebenso zum Ankündigen und Versprechen.
- Zuversichtlichkeit: positive Erwartungshaltung und Ermutigung pflegen.

- Zufriedenheit: den erreichten Fortschritt, und sei er auch noch so klein, anerkennen.
- Lebendigkeit: Wandlungsfähigkeit von Kind zu Kind und von Situation zu Situation ist der Maßstab für die Echtheit der Haltung.

Diese innere Haltung versteht der Heil- und Sonderpädagoge Heinz Bach als seelisch-geistige Gesamteinstellung gegenüber dem Kind. Sie ist entscheidend für die Wirksamkeit des methodischen Handelns", auf den ich mit dem Begriff des handlungsbezogenen Handelns für den wissenschaftlichen Diskurs aufmerksam machte (siehe Abschnitt 1.5).

Handlungsbezogenes Handeln konkret

Es geht um eine Kernfrage der Pädagogik: um das Vermitteln von Lern- und Bildungsinhalten, das auf das Interesse des Kindes und seine Aneignungsarbeit bezogen ist. Das pädagogische Handeln der Erzieherin ist Vermittlungsarbeit; sie vermittelt dem Kind Lern- und Bildungsinhalte. Ihre Arbeit hat in der Aneignungsarbeit des Kindes das Handlungsziel. Durch ihre Erziehungskunst ermöglicht sie dem Kind das selbsttätige Aneignen der Inhalte.

Die Erzieherin hat ein zweifaches Vermittlungsinteresse, das sich auf das gegenständliche Interesse und auf das persönliche Interesse des Kindes richtet:

Ihr Interesse richtet sich auf

- den Gegenstand (Lern- und Spielinhalt), den sie mit „Kopf, Herz und Hand" (Johann Heinrich Pestalozzi) des Kindes sieht, und
- sie bemüht sich gleichzeitig, dem bereits vorhandenen oder vermuteten persönlichen Interesse des Kindes mit Empathie zu entsprechen und zu einem „vielseitigen Interesse" (Herbart) werden zu lassen.

Beim gegenständlichen und beim persönlichen Interesse handelt es sich eigentlich um ein Interesse, nämlich um das Interesse an der Aneignungsarbeit des Kindes. Es ist ihre Aufgabe die innere Welt des Kindes, seine Wirklichkeitskonstruktion, soweit wie möglich zu verstehen und für sich zu rekonstruieren, um auf dieser Grundlage als Vorbild eine Lernumgebung zu gestalten, die es dem Kind ermöglicht, an seine Wirklichkeitskonstruktion anzuknüpfen und sich selbsttätig nach seiner individuellen Perspektive zu entwickeln.

Die hier erörterten Beziehungszusammenhänge, die in der Begegnung von Ich zu Ich gegenwärtig sind, lassen sich im didaktischen Dreieck (Kind – Gegenstand – Erzieher/Erzieherin) abbilden:

Im Verständnis des Fundamentalprinzips des handlungsbezogenen Handelns ist die Vermittlungsarbeit der Erzieherin auf das Ermöglichen des selbsttätigen Handelns des Kindes bezogen. Ihr Interesse, ihr gegenständliches Interesse und ihr persönliches Interesse, hat die Aneignungsarbeit des Kinds **K** und die Interessebeziehung zwischen Kind und Gegenstand **G** im Blick.

Dieses Interesse oszilliert zwischen beiden Polen, zwischen Kind und Gegenstand.

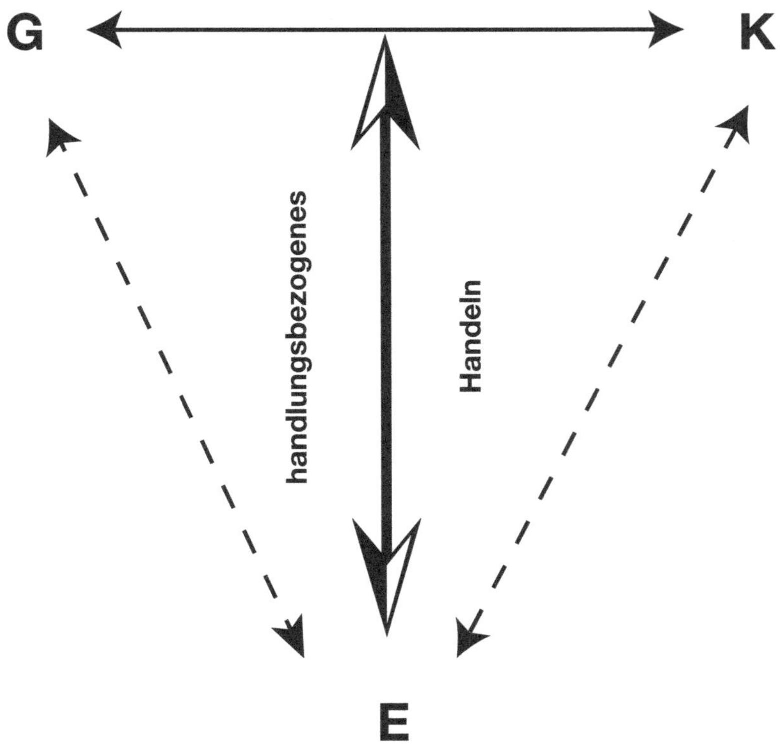

Vermittlungsarbeit der Erzieherin

Die Erzieherin reflektiert ihre Vermittlungsarbeit: Sie nimmt inneren Abstand von sich selbst und prüft ihr Subjekt-Sein in der intersubjektiven Beziehung, ihre Begegnung von Ich zu Ich. In dieser elementaren Begegnung von Mensch zu Mensch lernt sie über ihre pädagogische Kompetenz nachzudenken und diese zu verbessern.

Dieses Reflektieren hält die Erzieherin in Bewegung: Sie überlegt, prüft und wägt so lange ab, bis sie zu einer Entscheidung gekommen ist. Hier erlebt sie sich als lernende Person und entdeckt neue Wege. Sie bewegt sich auf noch Unbekanntes zu und überwindet die alltägliche Routine. Ihr Denken bleibt auf erlebte Situationen bezogen. Sie bleibt sich selbst gegenüber kritisch und wandlungsfähig. Sie pflegt aus der Tiefe ihres Herzens die Erziehungskunst und bildet ihre Professionalität weiter. Ihre „fröhliche Pädagogik" (Korczak) ist von Wertschätzung, Achtung und Partizipation (Mitbestimmung, Teilhabe) geprägt.

Literaturhinweise

Literaturhinweise

Auclair, M. (1953): Das Leben der heiligen Teresa von Avila. Zürich, Arche

Baal-Teshuva, J. (2008): Marc Chagall (1887-1985). Köln, Taschen

Bach, H. (1968): Geistigbehindertenpädagogik. Berlin, Marhold

Barth, U./Maschke, Th. (Hrsg.) (2014): Inklusion. Vielfalt gestalten. Ein Praxisbuch. Stuttgart, Freies Geistesleben

Bauer, M. (1990): Aphorismen und Fragmente. Stuttgart, Urachhaus

Bollnow, O. F. (1949): Das Verstehen. Mainz, Kirchheim und Co

Bollnow, O. F. (1978): Vom Geist des Übens. Eine Rückbesinnung auf elementare didaktische Erfahrungen. Freiburg, Herder

Bregman, R. (2020): IM GRUNDE GUT. Eine neue Geschichte der Menschheit. Hamburg, Rowohlt

Buchka, M. (2004): Die anthroposophische Heilpädagogik im Kontext und Vergleich aktueller Theoriemodelle der Heil- und Sonderpädagogik. In: Seelenpflege in Heilpädagogik und Sozialtherapie, 23. Jg., Heft 3, S. 23-42

Buchka, M. (2019): Geschichte des Waldorfkindergartens. In: erziehungsKUNST - frühe Kindheit – Waldorfpädagogik heute. Herausgeber: Vereinigung der Waldorfkindergärten e.V., Neustadt/Weinstraße, Heft 4, S. 12-15

Buchka, M./Grimm, R./Klein, F. (2002): Lebensbilder bedeutender Heilpädagoginnen und Heilpädagogen des 20. Jahrhunderts. 2. Auflage. München, Reinhardt

Damm, S. (2007): Goethes letzte Reise. Frankfurt a. M./Leipzig, Insel

Eichenberg, A. (2020): Neue Wege. In: erziehungsKUNST- frühe Kindheit – Waldorfpädagogik heute. Heft 1, S. 1

Fragner, J. (1989): Der gute Pädagoge aus der Sicht der Eltern. In Bäuerle, S. (Hrsg.): Der gute Lehrer. Empfehlungen für den Umgang mit Schülern, Eltern und Kollegen. Stuttgart, Metzler, S. 230–244

Fragner, J. (2020): Inklusive Sozialgestaltung. In: MENSCHEN. Zeitschrift für gemeinsames Leben, Lernen und Arbeiten, 43. Jg., Heft 6, S. 1

Frankl, V. E. (2009): „... trotzdem ja zum Leben sagen". Ein Psychologe erlebt das Konzentrationslager. 9. Auflage. München, Kösel

Freilingsdorf, V./Grimm, R./Kaldenberg, B. (2013): Geschichte der anthroposophischen Heilpädagogik und Sozialtherapie. Dornach, ATHENA

Fuchs, T. (2012): Das Gehirn als Beziehungsorgan. 4. Auflage. Stuttgart, Kohlhammer

Glöckler, M. (1998): Rudolf Steiner. In: Grimm, R. (Hrsg.): Selbstentwicklung des Erziehers in heilpädagogischen Aufgabenfeldern. Luzern, SZH, S. 53 – 65.

Glöckler, M. (Hrsg.) (2002): Spirituelle Ethik. Situationsgerechtes, selbstverantwortliches Handeln. Dornach, am Goetheanum

Glöckler, M. (2003): Kindsein heute. Schicksalslandschaft aktiv gestalten. Umgang mit Widerständen – ein salutogenetischer Ansatz. Stuttgart/Berlin, Johannes M. Mayer

Glöckler, M. (2020): Religiöse Qualitäten in der waldorfpädagogischen Erziehung. In: Wiehl, A.: Studienbuch Waldorf-Kindheitspädagogik. Bad Heilbrunn, Klinkhardt, S. 106-120

Glöckler, M./Grah-Wittich, C. (Hrsg.) (2018): Die Würde des kleinen Kindes. Was erhält das kleine Kind gesund? 5. Auflage, Dornach, am Goetheanum

Glöckler, M./Grah-Wittich, C. (Hrsg.) (2020): Die Würde des kleinen Kindes 2. Gesunde Entwicklung und Prävention. Dornach, am Goetheanum

Glöckler, M./ Neider, A./Ramm, H. (2020): Corona – eine Krise und ihre Bewältigung. Verständnishilfen und medizinisch-therapeutische Anregungen aus der Anthroposophie. Books on Demand

Göschel, J. Chr. (2012): Der biografische Mythos als pädagogisches Leitbild: Transdisziplinare Förderplanung auf der Grundlage der Kinderkonferenz in der anthroposophischen Heilpädagogik. Dornach, ATHENA

Grimm, R. (1995): Perspektiven der Therapeutischen Gemeinschaft in der Heilpädagogik. Ein Ort gemeinsamer Entwicklung. Bad Heilbrunn, Klinkhardt

Grimm, R./Kaschubowksi, G. (2008): Kompendium der anthroposophischen Heilpädagogik. München, Reinhardt

Høystad, O. M. (2006): Kulturgeschichte des Herzens. Von der Antike bis zur Gegenwart. Köln, Böhlau

Hüther, G. (2020): Wege aus der Angst. Göttingen, Ruprecht & Vandenhoeck

Hüther, G./Quarch, Ch. (2018): Rettet das Spiel! Weil Leben mehr als Funktionieren ist. München, Hanser

Info3. Zeitschrift Bewusst leben – Gesellschaft gestalten. Frankfurt

Jaffke, F. (2004): Spielen und Arbeiten im Kindergarten. 3. Auflage. Stuttgart, Freies Geistesleben

Jaffke, F. (2019): Rhythmen und Reime. Arbeitsmaterial aus dem Waldorfkindergarten. 13. Auflage. Stuttgart, Freies Geistesleben

Kaschubowski, G. (1998): Heilpädagogisches Handeln auf der Grundlage der Erkenntnistheorie und Menschenkunde Rudolf Steiners. Hamburg, Dr. Kova

Klein, F. (1997): Janusz Korczak. Sein Leben für Kinder – sein Beitrag für die Heilpädagogik. Bad Heilbrunn, Klinkhardt

Klein, F. (1999): Die Wirksamkeit des Augenblicks: Absicht und Intuition. In: Kaschubowski, G. (Hrsg.): Zur Frage der Wirksamkeit in der heilpädagogischen Arbeit. Luzern, SZH, S. 85-90

Klein, F. (2008): Zur Rezeption der anthroposophischen Heilpädagogik und Sozialtherapie. In: Grimm, R./Kaschubowski, G. (Hrsg.): Kompendium der anthroposophischen Heilpädagogik. München/Basel 2008, Reinhardt, S. 134-149

Klein, F. (2012): Inklusion von Anfang an. Bewegung, Spiel und Rhythmik in der inklusiven Erziehung. Köln, Bildungsverlag EINS

Klein, F. (2017): Heilpädagogik im Dialog. Berlin, BHP

Klein, F. (2018a): Mit Janusz Korczak Inklusion gestalten. Göttingen, Vandenhoeck & Ruprecht

Klein, F. (2018b): Inklusive Erziehung in Krippe, Kita und Grundschule. Heilpädagogische Grundlagen und praktische Tipps im Geiste Janusz Korczaks. München, BurckhardtHaus

Klein, F. (2019a): Inklusive Erziehungs- und Bildungsarbeit in der Kita. Heilpädagogische Grundlagen und Praxishilfen. 3. Auflage. Köln, Bildungsverlag EINS

Klein, F. (2019b): Janusz Korczak und seine Bedeutung für die inklusive Pädagogik. In: Maschke, Th. (Hrsg.): Bildungsinnovation: Impulse aus Reformpädagogik und inklusiver Pädagogik. Salzburg, Residenz, S. 103-128

Klein, F. (2020a): Handlungsbezogenes Handeln verbessert die pädagogische Kompetenz. In: KiTa aktuell, 28. Jg., Heft 3, S. 77-79

Klein, F. (2020b): Das Kind im Resonanzraum Kita feinfühlig begleiten. In: KiTa-aktuell, 29. Jg., Heft 7-8, S. 185-187

Kobi, E. (2004): Grundfragen der Heilpädagogik. Eine Einführung in heilpädagogisches Denken. 6. Auflage. Berlin, BHP

Kopelew, L. (1984): Der heilige Doktor Fjodor Petrowitsch. Hamburg. Hofmann

Korczak, J. (1978): Wie man ein Kind lieben soll. 6. Auflage. Göttingen, Vandenhoeck & Ruprecht

Korczak, J. (1979): Von Kindern und anderen Vorbildern. Gütersloh, Gerd Mohn

Korczak, J. (1992): Tagebuch aus dem Warschauer Ghetto 1942. Göttingen, Vandenhoeck & Ruprecht

Korczak, J. (1999): Wie liebt man ein Kind/Das Recht des Kindes auf Achtung/Fröhliche Pädagogik. Bearbeitet von F. Beiner und S. Ungermann. Gütersloh, Gerd Mohn

Krenz, A. (2014): Der Situationsorientierte Ansatz – Auf einen Blick. Konkrete Praxishinweise zur Umsetzung. München, BurckhardtHaus

Krenz, A. (2020): Bildungsgut „Märchen". In: KITAleiten – Spezial. Kulmbach, Mediengruppe Oberfranken, Ausgabe 4, S. 1-11

Krenz, A. (2021): Basale Grundlagen für eine nachhaltige Bildungsarbeit. In: Kita-Contest - kreative Ideenbörse. Kulmbach, Fachverlag, S. 1-6

Lisges, M. (2020): Was heißt Partizipation? In: erziehungsKUNST - frühe Kindheit – Waldorfpädagogik heute. Herausgeber: Vereinigung der Waldorfkindergärten e.V., Neustadt/Weinstraße, Heft 3, S. 36-42

Maschke, Th. (Hrsg) (2019): Bildungsinnovation: Impulse aus Reformpädagogik und inklusiver Pädagogik. Salzburg, Residenz

Maturana, H. (1994): Was ist erkennen? München, Piper

McKanan, D. (2020): Camphill und die Zukunft. In: MENSCHEN. Zeitschrift für gemeinsames Leben, Lernen und Arbeiten, 43. Jg., Heft 6, S. 4-7

Menze, D. (2016): Auschwitz im Bewusstsein der frühen Nachkriegsheilpädagogik. Berlin, BHP

Meulen, J. van der (2016): Der Ruf der Freundschaft. Auf dem Weg zu einer Kultur des Herzens. Frankfurt, info3

Möckel, A. (1998): Zur Geschichte der Arbeit mit behinderten Kindern. In: Grimm, R./Kaschubowski, G. (Hrsg.): Heilen und Erziehen. Sonderpädagogik und anthroposophische Heilpädagogik im Gespräch. Luzern, SZH, S. 23-37

Montessori, M. (1966): Über die Bildung des Menschen. Freiburg, Herder

Montessori, M. (1985): Der Aufbau der Person durch die Organisation der Bewegung. Bad Heilbrunn, Klinkhardt

Moor, P. (1971): Selbsterziehung. Notwendigkeiten und Gefährdungen des Reifens. Bern/Stuttgart/Wien, Huber

Müller, J. (2020): Rhythmus und Rituale im Waldorfkindergarten. In: Wiehl, A. (Hrsg.): Studienbuch Waldorf-Kindheitspädagogik. Bad Heilbrunn, Klinkhardt, S. 94-105

Müller-Wiedemann, H. (1992): Karl König. Eine mitteleuropäische Biographie im 20. Jahrhundert. Stuttgart, Freies Geistesleben

Müller-Wiedemann, H. (1998): Die Erkenntnis des Kindes. In: Grimm, R./Kaschubowski, G. (Hrsg.): Heilen und Erziehen. Sonderpädagogik und anthroposophische Heilpädagogik im Gespräch. Luzern, SZH, S. 101–108

Neuhäuser, G./Klein, F. (2019): Therapeutische Erziehung. Resiliente Erziehung in Familie, Krippe, Kita und Grundschule. München, BurckhardtHaus

Neider, A. (2019): Denken mit dem Herzen. Wie wir unsere Gedanken aus dem Kopf befreien können. Stuttgart, Freies Geistesleben

Osika, H. (2008): FC und was wir von Menschen mit schwerem Autismus lernen können. In: Seelenpflege in Heilpädagogik und Sozialtherapie, 27. Jg., Heft 3, S. 20-31

Osten, M. (2007): Alles „Veloziferische" – Faust und die beschleunigte Zeit. Frankfurt und Leipzig, Insel

Ostkämper, F. (2020): Bildungsverständnis der Elementarpädagogik im Elementarbereich. In: Wiehl, A. (Hrsg.): Studienbuch Waldorf-Kindheitspädagogik. Bad Heilbrunn, Klinkhardt, S. 17-28

Popper, K. (1996): Alles Leben ist Problemlösen. Über Erkenntnis, Geschichte und Politik. 2. Auflage. München/Zürich, Piper

Reckert, T. (2020): Wie Erfahrung zu Können wird. In: info3, 45. Jg., November 2020, S. 28-31

Roberts, P. (2007): Ausbildung in Indien. In: Seelenpflege in Heilpädagogik und Sozialtherapie, 26. Jg., Heft 3, S. 38

Rosa, H. (2016): Eine Soziologie der Weltbeziehung. 3. Auflage. Berlin, Suhrkamp

Rosa, H. (2019): Unverfügbarkeit. Wien/Salzburg, Residenzverlag

Saint-Exupéry, A. de (2001): Der Kleine Prinz. 57. Auflage. Düsseldorf, Karl Rauch

Saßmannshausen, W. (2019): Erziehung ist Begegnung. Menschen zwischen Werden und Sein. Frankfurt, info3

Scharfenberg, D. (2019): Das Völkchen in der Puppenecke. In: erziehungsKUNST - frühe Kindheit – Waldorfpädagogik heute. Heft 4, S. 28-32

Schenk, M. (2020): ÄRGER. In: info3. Bewusst leben – Gesellschaft gestalten, 45. Jg., Frankfurt, Heft März, S. 6

Scheuerl, H. (1979): Klassiker der Pädagogik. Band I und II. München, C. H. Beck

Schieren, J. (2019): Waldorfpädagogik und Erziehungswissenschaft. Eine Neubesinnung. In: Redecker, A./Ladenthin, V. (Hrsg.): Reformpädagogik weitergedacht. Würzburg, Ergon

Schlack, H. G. (2005): Das Kind als Akteur seiner Entwicklung. In: Büchner, Chr. (Hrsg.): Lebensspuren. Über den Zusammenklang von Erziehung und Therapie. Luzern, SZH, S. 39 - 49

Schmalenbach, B. (2008): Die Einheit des Lernens – Theorie, Praxis und Kunst in der heilpädagogischen und sozialtherapeutischen Ausbildung. In: Seelenpflege in Heilpädagogik und Sozialptherapie, 27. Jg., Heft 1, S. 4-9

Scholz, G. (1997): Der integrative Kindergarten der Camphill-Schulgemeinschaft Föhrenbühl. In: Heinrich, A. (Hrsg.): Wo ist mein Zuhause? Stuttgart, Freies Geistesleben, S. 197-209

Scholz, G. (1999): Der Jahreslauf im Föhrenbühler Kindergarten als Grundlage rhythmischer Gestaltung. In: Zeitschrift lernen konkret. 18. Jg., Heft 1, S. 12–18

Soldner, G. (2020): Resilienz in der Waldorf- Kindheitspädagogik. In: Wiehl, A. (Hrsg.) (2020): Studienbuch Waldorf-Kindheitspädagogik. Bad Heilbrunn, Klinkhardt, S. 45-57

Speck, O. (2016): Spirituelles Bewusstsein. Wissenschaftliche und kulturelle Aspekte – Übersinnliche Erfahrungen. Norderstedt, BoD

Staatsinstitut für Frühpädagogik (2020): Stark durch Bindung. Tipps zur elterlichen Feinfühligkeit in den ersten Lebensjahren. München

Steel, R. (2020): Vision einer heilenden Gemeinschaft. In: MENSCHEN. Zeitschrift für gemeinsames Leben, Lernen und Arbeiten, 43. Jg., Heft 6, S. 8-14[14]

Steiner, R. (1926): Die Methodik des Lehrens und die Lebensbedingungen des Erziehers. Dornach, Rudolf Steiner Verlag

Steiner, R. (1961): Grundlinien einer Erkenntnistheorie der Goetheschen Weltanschauung. Stuttgart, Freies Geistesleben

Steiner, R. (1962): Mein Lebensgang. 7. Auflage. Dornach, Rudolf Steiner-Verlag

Steiner, R. (1995): Die Philosophie der Freiheit. 16. Auflage. Dornach, Rudolf Steiner-Verlag

14 Der Text kann unter https://www.bestellen.bayern.de heruntergeladen werden. Herausgeber ist das Bayerische Staatministerium für Familie, Arbeit und Soziales.

Strehlow, A./Howard, S. (2020): Waldorf-Kindergarten weltweit. In: Wiehl, A. (Hrsg.) (2020): Studienbuch Waldorf-Kindheitspädagogik. Bad Heilbrunn, Klinkhardt, S. 258-270

Treichler, M. (2020): Gesundheit ist keine Frage der Definition. In: info3, 45. Jg. September, S. 43-44

Ullrich, H. (2011): Rudolf Steiner. Leben und Lehre. München, C.H. Beck

Vieser, S. (2020a): Nachahmung und Vorbilder. In: erziehungsKUNST- frühe Kindheit – Waldorfpädagogik heute. Heft 2, S. 26-29

Vieser, S. (2020b): Spielmaterial im Waldorfkindergarten. In: erziehungsKUNST- frühe Kindheit – Waldorfpädagogik heute, Heft 1, S. 28-31

Weidenfeld, I. (2020): Handgestenspiele – immer und überall zur Hand. In: erziehungsKUNST - frühe Kindheit – Waldorfpädagogik heute. Heft 4, S. 27-31

Weihs, T. (1974): Das entwicklungsgestörte Kind. Stuttgart, Freies Geistesleben

Weinberger, S./Lindner, H. (2020): Faszination Spiel. Wie wir spielend zu Gesundheit, Glück und innerer Balance finden. Wiesbaden, Springer

Winnicott, D. (2017): Familie und individuelle Entwicklung, Gießen, Psychosozial

Wyrobnik, I. (2021): Korczaks Pädagogik heute. Wertschätzung, Partizipation und Lebensfreude in der Kita. Göttingen, Vandenhoeck & Ruprecht

Zeitschrift erziehungsKUNST- frühe Kindheit – Waldorfpädagogik heute. Herausgeber: Vereinigung der Waldorfkindergärten e.V., Neustadt/Weinstraße

Zimpel, A. F. (2012): Einander helfen. Der Weg zur inklusiven Lernkultur. Göttingen, Vandenhoeck & Ruprecht

Zum Autor

Prof. em. Dr. Dr. et Prof. h.c. Ferdinand Klein

Ferdinand Klein, geboren 1934, Lehrer, Heilpädagoge und Logotherapeut, 20 Jahre Praxis in verschiedenen Einrichtungen, tätig an den Universitäten Würzburg, Mainz, an der Pädagogischen Hochschule Ludwigsburg, Fakultät für Sonderpädagogik Reutlingen und als Aufbaudirektor des Instituts für Rehabilitationspädagogik der Martin-Luther-Universität Halle-Wittenberg (1992-1994). Nach Emeritierung (1997) Gastprofessor an der Comenius-Universität Bratislava und von 2005 bis 2014 an der im Jahre 1900 gegründeten weltweit ältesten Hochschule für Heilpädagogik: der Gusztáv-Bárczi-Fakultät der Eötvös-Loránd-Universität Budapest, die sein wissenschaftliches Werk und seine Verdienste um den Ost-West-Dialog mit der Verleihung eines „Doctor et Professor honoris causa" würdigte.

2019 würdigte Bundespräsident Frank-Walter Steinmeier seine ehrenamtliche Arbeit für die Anliegen der Karpatendeutschen und sein sozial- und heilpädagogisches Wirken mit der Verleihung des Bundesverdienstkreuzes am Bande der Bundesrepublik Deutschland.

Arbeitsschwerpunkte: Ethische Fragen, Forschungsmethoden, Reformpädagogik, Korczakpädagogik, Waldorfpädagogik, Früh- und Elementarpädagogik. Durch Reflexion der aktuellen (heil)pädagogischen, medizinisch-therapeutischen und neurobiologischen Fachliteratur bildet er seinen integralen und transdisziplinären Standpunkt weiter.

Der Autor lernt bis heute von Kindern:

- Das re-agierende Verhalten der Kinder zeigt ihm, wie Erziehung heute noch häufig ist.
- Das freie und schöpferische Handeln der kleinen Kinder lehrt ihn, wie Erziehung sein soll.

BURCKHARDTHAUS

Prof Dr. med Gerhard Neuhäuser
Prof. Dr. phil. Ferdinand Klein

„Es ist ganz einfach: Man sieht nur mit dem Herzen gut.
Das Wesentliche ist für die Augen unsichtbar.“

Antoine de Saint-Exupéry

Broschur, 192 Seiten,
4-fbg. Abb. u. Fotos

25,00€ [D] / 25,70 € [A]

IISBN 978-3-96304-605-6

Therapeutische Erziehung
Resiliente Erziehung in Familie, Krippe, Kita und Grundschule

Ein Arzt und ein Pädagoge berichten gemeinsam von langjährigen wissenschaftlichen Erkenntnissen. Anhand zahlreicher Fallbeispiele wird deutlich, wie Kinder durch therapeutische Erziehung Gerechtigkeit, Gleichwertigkeit und Gleichwürdigkeit von Beginn an erleben und wie sie von der Entwicklungsunterstützung persönlich profitieren können. Das Buch enthält viele Anregungen für ein kindgemäßes pädagogisches Handeln. Der Text wendet sich an Eltern, elementarpädagogische Fachkräfte, pädagogisch-therapeutische Mitarbeiter in Krippe, Kita und Grundschule, an Ärzte und Studierende der Medizin und Pädagogik, insbesondere der Sozial-, Heil- und Sonderpädagogik, der Heilpädagogik/Heilerziehung an Fachschulen, Fachakademien und Hochschulen.

Aus der Praxis – für die Praxis

Prof. Dr. phil. Ferdinand Klein

„Die Menschen der Zukunft werden die sein, die ihre Herzen in ihren Gedanken sprechen lassen.“

Albert Schweitzer

Broschur, 168 Seiten,
4-fbg. Abb. u. Fotos

19,95 € [D] / 20,50 € [A]

ISBN 978-3-96304-601-8

Inklusive Erziehung in Krippe, Kita und Grundschule

Inklusion ist eine der größten und wichtigsten Herausforderungen, vor denen Pädagoginnen und Pädagogen heute in der Praxis stehen. Pädagogisches Wirken beginnt bei der Fachkraft. Diese stellt Prof. Dr. Ferdinand Klein in den Mittelpunkt. Anhand des Lebenslaufs des berühmten Kinderarztes und Pädagogen Janusz Korczak und seines eigenen erklärt er beispielhaft den Begriff und die Aufgaben des Heil- und Sonderpädagogen. Zudem bietet er vielfältige Fallbeispiele, konkrete Tipps und Hilfestellungen zum Umgang mit Kindern mit besonderen Bedürfnissen, praxisgerecht, leicht verständlich und direkt umsetzbar.

Aus der Praxis – für die Praxis

BurckhardtHaus

Kathrin Nürge

STARKE ERZIEHER STARKE KINDER

Eigene Ressourcen entdecken und einsetzen

Broschur, 272 S.
4-fbg. illustriert
20 € [D], 20,60 € [A]
ISBN 978-3-944548-24-1

Wie kann ich meine eigenen Ressourcen entdecken und entwickeln? Wie kann ich sie in meinem Arbeitsalltag als Erzieherin oder Erzieher einsetzen und worauf sollte ich dabei achten?

Diese Fragen und vor allem die Antworten darauf stehen im Mittelpunkt dieses Buches. Denn in unserem pädagogischen Arbeitsfeld geht es nicht darum, Konzepte für andere zu entwickeln. Es geht um das „Menschsein" im Sinne von wohltuend, wirksam und entwicklungsförderlich für sich selbst, für andere Menschen, für unseren Lebensraum, für die Natur – jeder Mensch mit seinen eigenen ihm zur Verfügung stehenden Ressourcen und Fähigkeiten. Alles, was wir brauchen, steckt bereits in uns und wenn man dies entdeckt, erkennt und entschlüsselt, können wahre Wunder entstehen. Kinder brauchen Erwachsene, die ihnen mit Achtsamkeit, Wertschätzung, Zeit und Liebe begegnen, die ihnen Freiraum und echte Erlebnisse schenken, die sie so annehmen, wie sie sind und sich mit ihnen verbunden fühlen. Wenn dies geschieht – wir unseren Beruf zur Berufung machen – können Kinder gesund, lebendig und vertrauensvoll ins Leben wachsen und zu Akteuren ihrer eigenen Entwicklung werden.

Aus der Praxis – für die Praxis